A Compaixão dos Animais

Kristin von Kreisler

A Compaixão dos Animais

Histórias Verdadeiras Sobre a Coragem e a Bondade dos Animais

Tradução
DENISE DE C. ROCHA DELELA

Ilustrações
LISA COOPER

EDITORA CULTRIX
São Paulo

Título do original: *The Compassion of Animals.*

Publicado mediante acordo com Prima Communications, Inc.

A autora tomou enorme cuidado para certificar-se de que os fatos e eventos deste livro fossem precisos e completos. Foi feito o possível para contactar as pessoas que protagonizaram cada história, mas, em alguns casos, a autora teve de se pautar em outras fontes, como veterinários, policiais, testemunhas e relatos por escrito. Embora acredite-se que as fontes sejam de inteira confiança, a autora e o editor não podem ser responsabilizados por imprecisões nos comentários dessas fontes. Se algum erro for constatado, por favor envie a correção para "Kristin von Kreisler, c/o Prima Publishing, P.O. Box, 1260BK, Rocklin, California 95677".

O primeiro número à esquerda indica a edição, ou reedição, desta obra. A primeira dezena à direita indica o ano em que esta edição, ou reedição foi publicada.

Edição	Ano
2-3-4-5-6-7-8-9-10-11-12	04-05-06-07-08-09-10

Direitos de tradução para a língua portuguesa
adquiridos com exclusividade pela
EDITORA PENSAMENTO-CULTRIX LTDA.
Rua Dr. Mário Vicente, 368 – 04270-000 – São Paulo, SP
Fone: 6166-9000 – Fax: 6166-9008
E-mail: pensamento@cultrix.com.br
http://www.pensamento-cultrix.com.br
que se reserva a propriedade literária desta tradução.

Impresso em nossas oficinas gráficas.

Sumário

Para John,
cujo amor e apoio
me ampararam
por muitos anos

Três coisas na (...) vida são importantes.
A primeira é ser bom. A segunda é ser bom.
E a terceira é ser bom.

— Henry James

Prefácio

Até pouco tempo atrás, se fôssemos à biblioteca de uma universidade e procurássemos o tópico emoção dos animais, encontraríamos uma série de livros sobre o que denominamos emoções negativas. Seriam livros sobre agressividade, dor e medo. Mas não encontraríamos um livro sobre nenhuma das assim chamadas emoções superiores, tais como amor, compaixão ou solidariedade entre animais. Entretanto, existe atualmente um interesse renovado com relação a esse tema, sobretudo entre os mais jovens especialistas em comportamento animal. Fran de Waals publicou recentemente o livro *Good Natured*, que trata da amizade e da cooperação entre chimpanzés. No entanto, tudo indica que o tema da compaixão, especialmente entre diferentes espécies, continua sendo um tabu.

Durante séculos, predominou uma crença generalizada de que, além dos seres humanos, nenhum outro animal era capaz de demonstrar verdadeira compaixão — nem mesmo por um indivíduo da mesma espécie, quanto mais por um de outra espécie. Apesar disso, há cada vez mais histórias (e, quando existe um número suficiente delas, deixam de ser meras histórias para receber o nome mais respeitável de "dados") sobre animais que demonstram algo muito próximo à compaixão. O livro que você vai ler agora é uma das primeiras coletâneas sobre essas histórias. Uma das poucas histórias que ouvi e que não está incluída nesta coletânea provém de imagens gravadas bem ao acaso, nas quais um hipopótamo salva uma pequena gazela de um crocodilo do Nilo. No momento em que o filhote ferido lutava para se levantar, o hipopótamo postou-se atrás dele numa atitude protetora e abriu a boca gigante, soltando seu bafo quente sobre o pequeno animal, na tentativa de reanimá-lo. Ele não fez isso apenas uma vez, mas cinco, antes de desistir. Estudiosos do comportamento animal que assistiram à gravação dessas imagens ficaram perplexos. Baseando-se no paradigma científico usual, eles eram simplesmente incapazes de explicar o comportamento do hipopótamo, pois ele não se encaixava em nenhuma das categorias normais com as quais estavam acostumados. Como podia um hipopótamo arriscar a vida para salvar um membro de outra espécie? Esse ato de altruísmo não parecia ter nenhuma ligação com o instinto de sobrevivência. Que benefícios poderia trazer? O fato de o hipopótamo não estar preocupado em fazer nenhuma análise de custo/benefício, mas simplesmente mostrar verdadeira compaixão por outro animal era algo que estava, evidentemente, além da imaginação científica.

Pouco tempo atrás, o mundo ficou extasiado com a história — relatada neste livro — de um garoto de 3 anos que caiu, de uma altura de seis metros, no chão de concreto do recinto de um gorila, no Brookfield Zoo, em Chicago. Binti, uma fêmea de 7 anos de idade, que carregava um bebê gorila nas costas, pegou a criança, embalou-a nos braços e colocou-a perto de uma porta onde os tratadores pudessem alcançá-la. O menino não sofreu ferimentos graves. Por que essa história, mostrada nas televisões de todo o mundo, foi tão comovente? Por que tantas pessoas chegaram às lágrimas com essas imagens? Outra história que você vai ler aqui aconteceu em dezembro de 1995, quando um gato de rua forçou passagem por um buraco na cerca do recinto de um urso de 280 quilos, no Wildlife Images — um centro de reabilitação para a vida selvagem, em Grants Pass, Oregon. O gato aproximou-se do urso, que comia de um balde de 4 litros. Tanta era a fome do gato, que o viram chegar bem perto do urso e implorar por comida. Dave Siddon, fundador do centro, pensou que o urso iria matar o gato. Em vez disso, o urso pegou do balde um pequeno pedaço de frango, largou-o ao lado de sua pata dianteira e observou o gato se aproximar e comê-lo. Depois disso, o gato e o urso permaneceram juntos — comendo, dormindo e brincando pelo recinto –, na maior amizade. As pessoas agora vão ao centro aos montes, apenas para observar os dois amigos juntos.

Existem cada vez mais histórias como essas sendo relatadas em todo o mundo. Será que esses atos de pura compaixão estão se tornando mais freqüentes no mundo animal? Acho que uma explicação muito mais provável é que nós, como espécie, estamos finalmente começando a aceitar que outros animais sintam emoções que julgávamos exclusivas dos seres humanos e, na verdade, ficamos aliviados, e até encantados, ao descobrir que se trata mesmo disso. Kristin von Kreisler nos conta muitos desses atos de compaixão. Pensar nessas histórias maravilhosas me levou a considerar que sentir compaixão e realizar atos de compaixão fazem sentido de um ponto de vista evolucionário. Animais solitários — gatos, por exemplo — não precisam demonstrar compaixão para sobreviver, e são escassos os exemplos de compaixão entre os grandes felinos (o que não significa que não aconteçam). (Os gatos domésticos, por outro lado, como mostram os relatos deste livro, são uma outra história.)

Os seres humanos e outros animais gregários, entretanto, precisam aprender a conviver com outros da mesma espécie se quiserem sobreviver. Como escreveu o poeta Auden: "Ou amamos uns aos outros ou morremos". É estranho perceber que há muito mais estudos, e muito melhores, sobre a *falta* de compaixão do que sobre a existência dela. Sabemos mais sobre a falta de empatia do que sobre as condições necessárias para que ela se desenvolva. Existe nesse fato uma verdade paradoxal: podemos ter certeza de que a síndrome Kitty Genovese[1] é o que aparenta ser. As pessoas de fato deixam de ajudar umas às outras, e quanto a isso não resta a menor dúvida. No entanto, quando alguém prova ser um herói da compaixão, achamos difícil acreditar sem ter mais evidências, especialmente nesta época de heróis decadentes. Albert Schweitzer não era o homem que pensávamos; será que Raoul Wallenberg tinha um lado sombrio? Livros sobre os salvadores do povo judeu, ao contrário do que existe sobre os assassinos, ainda são raros. Compreendemos muito menos as emoções positivas do que as negativas.

O animal que vive em comunidade aprende o valor de ajudar outro indivíduo. Ratos relutam em pressionar uma alavanca para obter comida se isso também provoca um choque num companheiro. Eles invariavelmente pressionarão uma alavanca que não cause o choque, e alguns irão preferir até mesmo privar-se de comida para não machucar os amigos. Talvez seja esse o motivo que faz dos ratos bons companheiros, razão de o *Rattus norvegicus* ser tão afetuoso com as crianças. Esses experimentos com ratos intrigaram os cientistas. Eles não esperavam encontrar evidências de compaixão entre os roedores.

Todos sabemos o que aconteceu quando Stanley Milgram pediu a alunos da graduação de Yale que dessem choques potencialmente letais nos sujeitos de um experimento diabólico que ele realizava para simular o que acontecia no julgamento de Eichmann, em Jerusalém. Os resultados foram dolorosos de se ver: para que a maioria dos estudantes se dispusesse a dar o choque bastava que lhes fosse dito por alguém que julgassem estar no poder. De onde vem essa falta de compaixão? Será que nos distanciamos de uma inclinação mais natural para ajudar, que seria saudável para a nossa espécie, ou estamos simplesmente seguindo nossa natureza pré-programada?

O debate natureza/criação pode assumir uma nova dimensão se examinarmos o lado compassivo dos nossos primos em termos evolucionários. Até agora, não tinha sido fácil encontrar todas as histórias necessárias para fazermos essa análise, reunidas num lugar acessível. O livro de Kristin von Kreisler faz exata-

1. O autor se refere ao assassinato de Kitty Genovese, testemunhado pelos vizinhos dela, que observaram o ataque pela janela durante vários minutos, sem tomar sequer a iniciativa de chamar a polícia. (N.T)

mente isso e ainda fornece mais evidências de que nós, seres humanos, como espécie, temos algo importante a aprender com os outros animais. Ele também vai encantar o leitor — quem poderia obter tantas histórias de animais que ignoram o próprio bem-estar para ajudar os companheiros, para nos ajudar, para ajudar outros animais e até mesmo para ajudar completos estranhos? Desafio qualquer leitor a chegar ao fim deste livro sem derramar uma lágrima — lágrima de tristeza diante dos terríveis atos cometidos pelos seres humanos contra os animais, mas também de alegria diante da maravilhosa coragem e compaixão demonstrada por cães, gatos, cavalos e outros animais.

Terminei a leitura deste livro com a convicção de que está ficando cada vez mais claro o quanto sabemos pouco sobre as criaturas que têm convivido conosco há milênios. É hora de pararmos de nos comparar com outros animais (na esperança de sempre provar nossa superioridade) e, em vez disso, simplesmente ouvir com admiração as histórias que nos lembram de que somos só uma pequena parte da cadeia da vida. Este livro irá ajudar você a se lembrar de alguns dos sentimentos que tinha na infância pelos animais com os quais convivia mais de perto. Esses sentimentos tinham tudo que ver com a compaixão. É disso que trata este livro.

— Jeffrey Moussaieff Masson, Ph.D.,
autor de *Dogs Never Lie About Love*
e co-autor de *When Elephants Weep*

Agradecimentos

Por trás deste livro está a compaixão de muitas pessoas. Eu jamais poderia tê-lo escrito sem a ajuda e o apoio de todos aqueles que me deixaram entrevistá-los a respeito de seus animais, ou que me forneceram histórias sobre a bondade dos animais.

Agradeço especialmente a Merrit Clifton, editor de *Animal People*; Lee Rammage, da Ralston Purina Canada Inc.; Jessie Vicha e Tom O'Brien, da Ken-L Ration Dog Foods; Carol Moulton e Betty A. Lewis, da American Humane Association; Linda Hines e Leo Bustad, da Delta Society; Janice Rooney, da Morris Animal Foundation; John Becker, da Texas Veterinary Medical Association; Richard Alampi, da New Jersey Veterinary Medical Association; Glenn Kolb, da Oregon Veterinary Medical Association; Mary Wamsley, da Los Angeles S.P.C.A.; Cheryl Conway, da Divisão de Proteção Animal de Aurora, Colorado; Matt Kleinman, da *Unsolved Mysteries*; e a meus amigos Kay Podolsky e Becky Cooper.

Agradeço também à minha agente, Julian Bach, por seu interesse e estímulo, e às minhas editoras, Susan Silva e Jennifer Fox, por seu cuidado com este projeto.

Agradeço aos maravilhosos amigos que contribuíram para este livro, encorajando-me ou ajudando-me a escrevê-lo. Martha Hannon foi, como sempre, minha mentora e guia; Clell Bryant proporcionou-me sua excelente orientação editorial; Bonnie Remsberg ofereceu sua sabedoria.

Introdução

Uma das melhores coisas da minha carreira de escritora é poder trabalhar no meu escritório o dia todo, cercada por meus animais de estimação. Tigger, minha gatinha tigrada, deita preguiçosamente na cadeira Morris e de vez em quando solta chiados baixinhos que parecem ar escapando de um pneu. Ludwig, que parece um distinto cavalheiro disfarçado num traje excepcionalmente belo de pastor alemão, descansa numa faixa de sol sob a clarabóia e enche a sala com seus roncos vigorosos.

E ainda há Bea — uma beagle esquelética e agitada que achei na estrada perto de casa. Um exame posterior revelou uma tatuagem na sua orelha, e descobri que ela fugira de um laboratório médico. Com as pernas afastadas, ela esfrega as costas no tapete oriental, solta uns ganidos abafados e mexe as patas como se pedalasse. Acho que sonha que está caçando coelhos. Depois da "caçada", ela vira de lado e assume a forma de um feijão. O som que sai pelos lados da sua boca quando bufa parece o de dedos esfregando um balão.

Esses suspiros e roncos, um leve fundo para o meu trabalho, continuam o dia todo. Os animais fazem parte do meu escritório tanto quanto o computador, mas se mantêm a distância, ocupados em tirar suas sonecas. Quando eu escrevo, Bea, Tigger e Ludwig não me incomodam.

Quer dizer, eles não me incomodavam até um dia excepcionalmente quente de outono — 18 de outubro de 1989. O tempo abafado da região da baía de San Francisco fazia com que eu e os animais ficássemos inquietos e mal-humorados. Eles se deitavam pela sala amontoados, depois se levantavam, com suas pequenas unhas estalando no piso de madeira, enquanto rumavam pesadamente para o banheiro, procurando alívio no piso frio de ladrilho. Ludwig, ofegante, mudava de posição a toda hora no canto que escolhera para dormir. Bea queria sair, depois entrar, e então sair outra vez.

Depois de tê-la deixado entrar mais uma vez e voltado para a escrivaninha, a casa sacudiu violentamente. O movimento jogou-me para fora da cadeira e arremessou-me contra um arquivo. Um quadro caiu da parede. Quando uma lâmpada se espatifou no chão, vi que tinha de correr.

Estávamos em meio a um terremoto — não apenas uns tremores fracos, mas um passeio numa montanha-russa que dava a sensação de estarmos agarrados a um brontossauro ocupado numa luta corpo a corpo com o irmão. Pelo visto meus animais tinham pressentido a chegada do terremoto. Enquanto eu disparava para a porta dos fundos, eles derrapavam pelo chão atrás de mim. O solo tremeu e nos atirou contra a parede num baque. Com dificuldade, destranquei a porta e empurrei-a para fora.

Corremos para salvar nossa vida. Tigger desapareceu na floresta. Ludwig, querendo se afastar ao máximo do perigo que representava nossa casa, correu para o portão. Bea, que parecia mais apavorada e confusa do que qualquer um de nós, disparou meio caminho morro acima, perto da horta, e se colou contra a cerca — talvez esperando abrir caminho através dela e escapar.

Meus joelhos tremiam tanto que me sentei num toco de árvore para não cair. Tentava me acalmar enquanto observava as sequóias inclinando-se na direção da minha casa. Rezei para que não tombassem no telhado — e a casa não viesse abaixo num monte de entulho.

Em San Francisco, as casas *de fato* desmoronaram. Uma parte da Bay Bridge até caiu dentro da água. E telefonar para o serviço de emergência em geral não ajudava nada. Para piorar as coisas, Dan Rather continuava a atormentar os moradores, lembrando-lhes de que o terremoto não era "O Grande", apesar de ter alcançado 7,1 na escala Richter: tínhamos algo pior à nossa espera nos dias que se seguiriam.

Todavia, naquele momento eu não sabia disso. Estava sem telefone e sem eletricidade, e não tinha como fazer contato com o mundo lá fora. Meu marido viajara a trabalho para o sul da Califórnia. Eu não tinha vizinhos por perto. Em outras palavras, eu poderia ter gritado o dia inteiro e ninguém teria me ouvido. Eu estava vivendo o maior medo que me aterrorizara na infância: encontrar-me numa situação desesperadora, apavorada e completamente sozinha.

Fiquei sentada no meu toco de árvore até que o brontossauro pareceu fazer as pazes com o irmão. Então tomei coragem, entrei em casa e enchi a banheira de água para o caso de tremores subseqüentes danificarem os canos. Com um forte puxão, tentei desligar o gás, mas não tinha certeza de que havia conseguido. Enquanto pegava os livros caídos das prateleiras, procurei calcular os danos. (Só surgira uma nova rachadura no cimento entre os tijolos da lareira.) Meus joelhos continuavam a tremer enquanto eu me ocupava das minhas tarefas, e de cinco em cinco minutos eu corria para fora só para ficar ao ar livre e renovar a minha confiança.

Ao entardecer, os animais aproximaram-se da casa e comeram o jantar que servi a eles. Para mim, esquentei uma sopa de tomate num fogão de acampamento. Morrendo de medo de comer ou de dormir dentro de casa, levei um colchão de borracha e um saco de dormir para fora e os coloquei bem longe de qualquer árvore ou parede que pudesse vir abaixo. Ajeitei as almofadas de Bea e Ludwig perto da minha cama improvisada e entrei no saco de dormir, completamente vestida, deixando o zíper aberto — assim daria para correr no caso de uma emergência. Tigger se empoleirou no muro que cercava o quintal. Os cães aninharam-se em suas almofadas.

Quando fechei os olhos, percebi um ruído surdo no chão provocado por tremores, mas disse a mim mesma, vezes sem conta, que eu só tinha o que agradecer. Os bichos e eu estávamos a salvo. A casa podia ter sido destruída, mas estava quase intacta. Mesmo assim, eu continuava a tremer tanto que o tutano dentro dos meus joelhos parecia fazer ondinhas.

Minha mente se encheu de imagens de saqueadores, que certamente percorriam as ruas naquele mesmo instante, à procura de uma casa em que houvesse uma mulher sozinha, indefesa. Eles arrombariam a porta da frente, matariam meus animais de estimação, carregariam o jarro de prata que pertencera à minha avó, e então, Deus meu, fariam coisas indescritíveis comigo. Eu ficaria jogada inerte no quintal, sangrando por todos os lados, enquanto os homens fugiam de carro. Eu nunca teria oportunidade de me despedir de meu marido, que voltaria de viagem e encontraria abutres banqueteando-se com as minhas vísceras.

Para me defender da minha própria imaginação, abri os olhos e fitei a linda lua prateada. Envolvi meu corpo com os braços para me sentir mais segura e disse a mim mesma que não estava sozinha: Deus estava comigo. Rezei para conseguir me acalmar. Porém, não conseguia ficar em paz — o terror que o terremoto despertara em mim ainda era recente demais. Não me lembro de já ter me sentido tão sozinha.

Então Tigger perambulou pelo muro, abandonando seu posto de observação, esfregou a cabeça na minha bochecha e aninhou-se na curva atrás dos meus joelhos. Ludwig levantou da almofada, deitou no chão e acomodou-se, de modo protetor, com o corpo ao redor da minha cabeça. E Bea — que já fora tão maltratada que eu precisei lhe ensinar o que é o amor — meteu o focinho sob a coberta e esgueirou-se para dentro do saco de dormir. Pressionou o corpinho no meu peito, descansou a cabeça no meu pescoço e aconchegou-se em mim. Sua respiração suave, cheirando a carne, aqueceu minha pele.

Eu estava certa de que meus bichinhos estavam preocupados comigo e queriam me ajudar. Sabia lá no fundo, onde meu tutano fazia ondinhas, que os animais não tinham vindo *em busca* de conforto, mas para me *dar* conforto. Eles queriam ter certeza de que eu estava bem.

Enquanto estávamos ali juntinhos, eu me senti segura. O conforto que meus animais me ofereciam era diferente da afeição que normalmente demonstravam por mim. Essa noite esse conforto era espiritual, uma epifania para mim, um dos momentos de A-há! descritos por Fritz Perls, quando as pessoas de repente entendem algo e nunca mais são as mesmas. Percebi que eu podia esquecer meu medo de infância: contanto que (e enquanto) eu tivesse animais de estimação que demonstravam claramente o quanto se preocupavam comigo, não importava o que acontecesse, eu nunca estaria sozinha. Eu poderia ficar traumatizada, como fiquei esse dia, mas, se meus bichos estivessem comigo, isso bastaria para eu superar o que fosse preciso. O Senhor mandou-me ajuda — na forma de corpos cálidos e peludos habitados por nobres espíritos. Essa verdade era tão simples, embora tão profunda.

Alguns dias depois, enquanto eu ainda refletia sobre essa experiência, ouvi dizer que, durante o terremoto, um cão em Watsonville (a uma hora de carro de minha casa) talvez tivesse dado a uma garotinha ao menos uma compreensão infantil dessa verdade. O cão era Reeona, uma rottweiler de dois anos e meio. Quando filhote, ela fora tão maltratada que, quando finalmente conseguiu um novo lar, durante uma semana ninguém conseguiu sequer tocá-la. No momento do terremoto, depois que Reeona sentiu o chão tremer e ouviu gritos vindos da casa em frente, ela arrombou uma porta, pulou três cercas — coisa que nunca tentara fazer antes — e invadiu a casa do vizinho, onde encontrou uma menininha de 5 anos, Vivian Cooper, apavorada e aos berros na cozinha.

Reeona empurrou a menina contra um armário e, com seu corpo peludo de 50 quilos, sentou-se ao lado dela para que se acalmasse. Alguns segundos depois, as vibrações do terremoto fizeram com que o microondas caísse de cima da geladeira e se espatifasse no chão, justo no lugar onde Vivian estivera antes de Reeona empurrá-la de encontro ao armário. Embora tivesse visto poucas vezes a cachorra e sempre demonstrara medo dela, a garotinha abraçou Reeona, afundou o rosto em seu pêlo e manteve-se agarrada a ela enquanto o terremoto não passou. Reeona protegeu e acalmou a menina — e, com sua presença reconfortante, evitou que ela entrasse em choque, como sempre acontecia quando ficava em pânico.

A terrível experiência do terremoto me fez perceber o que, suponho, eu sempre soubera, embora não com tanta profundidade e convicção: os animais são capazes de demonstrar uma grande bondade e compaixão; eles nos salvam, nos confortam e cuidam de nós. São uma das maiores bênçãos da vida.

Infelizmente, muitas pessoas não vêem os animais dessa forma. Não muito longe de onde eu moro, uma grande universidade e muitas empresas têm laboratórios onde pesquisadores fazem experiências com animais. Incomoda-me muitíssimo saber que estão fazendo os animais sofrerem em qualquer lugar que seja, principalmente quando isso acontece tão perto da minha própria casa. Às vezes imagino essas criaturinhas presas em jaulas, desnutridas e submetidas a experimentos dolorosos, assim como aconteceu com a minha beagle. Se eu pensar demais em todos esses animais que são maltratados no mundo inteiro, ainda sabendo o quanto podem ser sensíveis e como é grande seu potencial de bondade, fico quase louca.

Nos meses seguintes ao terremoto, pensei muitas vezes em como eu poderia ajudar esses animais. A resposta um dia me ocorreu: poderia escrever sobre quanta compaixão e ternura eles podem demonstrar. Eu poderia descrever como foram bondosos comigo e com Vivian Cooper, e contar histórias de outras criaturas que também demonstraram vontade de ajudar.

Folheei revistas e jornais, entrei em contato com empresas cujo ramo de atuação estava de alguma forma ligado aos animais e vasculhei a Internet por vários meses em busca dessas histórias. Fiquei surpresa com a enorme quantidade que encontrei — relatos de animais, tanto domésticos quanto de cativeiro, que deram tudo que tinham para salvar pessoas. Se eu continuasse procurando, sei que logo conseguiria reunir milhares de histórias desse tipo.

Esses relatos, de animais resgatando pessoas de incêndios ou rebocando-as até a praia, não aconteciam de forma esporádica ou ocasional. Elas aconteciam em toda parte. Os animais demonstram interesse e consideração pelos outros o tempo todo, no mundo inteiro e em todo tipo de circunstância ou condição. Cães perdidos surgiam do nada e arriscavam a vida para resgatar alguém. Animais domesticados vinham em socorro de pessoas que nunca tinham visto na vida.

E animais salvavam outros animais, que muitas vezes não eram sequer da mesma espécie. Li sobre um gato que protegeu um peixe, um cão que adotou uma ninhada de porcos-espinhos e uma vaca que saiu em busca de ajuda para um cachorro que fora enterrado vivo. E descobri histórias sobre animais prestativos de toda espécie — não apenas cães, gatos e vacas, mas porcos, cavalos, ursos, gorilas, golfinhos e até uma iguana.

Esses animais demonstraram grande perspicácia ao empreender seus atos de generosidade. Mesmo sem ter mãos ou saber falar, eles conseguiram prestar os primeiros socorros, transmitir mensagens e dar avisos, prestar auxílio, oferecer conforto e transportar para um lugar seguro pessoas que muitas vezes tinham o dobro do peso deles. Ao fazer isso, muitos deles ficaram doentes, perdidos, mutilados ou feridos. Eles arriscaram-se em disputas aparentemente impossíveis ou para salvar alguém em apuros. Os animais pareciam dispostos a tudo para cumprir a missão a que se propuseram. Muitos deles deram até mesmo a própria vida.

Eu queria saber o que essas criaturas sentiam ao agir com tanta lealdade e gentileza e, para descobrir, entrei em contato com biólogos, veterinários, zoólogos e behavioristas especialistas em animais. Contei a eles as histórias que eu tinha pesquisado e perguntei-lhes qual a explicação para as atitudes desses animais. Agora estou aturdida não apenas com a quantidade de histórias que encontrei, mas também com a opinião desses especialistas.

Com exceção de um, todos os pesquisadores afirmaram que os animais são incapazes de agir com compaixão. Os animais, no entanto, por meio de suas próprias façanhas, nos dizem o contrário. Talvez devamos reconsiderar, com a mente aberta, as provas que os animais nos apresentam por meio de suas próprias atitudes.

CAPÍTULO UM

Alerta para o Perigo

Collin Stolpes deixou sua casa no Oregon com tanta raiva e amargura que sua vontade era morrer. Ele tinha perdido sua fazenda e seu negócio — no seu modo de entender, porque fora *ludibriado*. Agora não tinha onde morar; tudo o que ele e a mulher, Deb, tinham estava no seu ônibus de quarenta lugares, junto com seu vira-lata Tiger.

Uma hora depois de cruzarem a fronteira do Oregon, Deb levantou-se do seu assento, andou até a parte de trás do ônibus e voltou com uma caixa de sapatos na mão. Collin, no banco do motorista, só tirou os olhos da estrada quando ela depositou a caixa no colo dele.

Collin levantou a tampa. Viu surgir uma cabecinha branca e preta. Duas orelhas diminutas. Um par de olhos negros. Um pequeno focinho cor-de-rosa.

— Não podemos ficar com este porco! — exclamou com aspereza.

— Já é tarde para darmos a volta e a levarmos de volta — rebateu Deb. Ela amava aquela porquinha. Ela amava todos os animais.

De má vontade, Collin tirou a porquinha da caixa. Enquanto dirigia, ela dormiu na mão dele. O animal parecia estar tão perdido e vulnerável quanto ele. Clamava por proteção.

A porca fazia parte de uma ninhada que nascera na fazenda apenas dois dias antes. Enquanto Collin fazia as malas, Deb implorara para que a levassem com eles, mas o marido se recusara, alegando que já tinham problemas suficientes. A porca só seria uma preocupação a mais e a última coisa de que precisavam. Agora, no entanto, levá-la de volta significaria rever a fazenda. Além de fazê-los perder tempo, voltar só o deixaria ainda mais chateado.

— Você venceu — rendeu-se Collin.

Seus pensamentos eram sombrios. Tudo na vida dele parecia fora de controle e dali para a frente a tendência seria piorar. Ele tivera de deixar o Oregon

e tudo que esse lugar representava — embora ainda não soubesse para onde ir. Mais deprimido do que nunca, ele rumou para o sul, levando Deb, Tiger e a porquinha, a quem deu o nome de Snort. Pelos quatro meses seguintes, eles acampariam, pescariam, fariam trilhas pelo mato e andariam a esmo.

Snort logo deixou de ser uma leitoazinha para se tornar uma criatura de 14 quilos, do tamanho de um buldogue. A penugem sobre a pele branca e preta deu lugar ao pêlo duro dos porcos adultos. O rabicó, que ela sacudia o tempo todo, cresceu até chegar a 15 centímetros.

Para Deb, a porca também passou a ser um querido animal de estimação, que se esfregava nas costas da dona para que lhe coçasse a barriga e mordiscava os dedos dos pés dela, exigindo atenção. Deb pintava os cascos da porca com um esmalte de delicado tom rosa e fazia buracos para orelhas nos bonés de beisebol de Collin para que Snort pudesse usá-los. Deb também convenceu o marido a fazer uma portinhola especial na parte da frente do ônibus para que Snort pudesse entrar e sair à noite. Collin adaptou à porta uma rampa até o chão e chamou-a de "pista da Snort".

A porca usou a "pista" até uma noite de outono em que ventava muito em Aurora, Colorado, onde Deb e Collin haviam estacionado o ônibus, em frente à casa da irmã dele, Claudia. Para manter a temperatura quente dentro do ônibus, em contraste com o frio enregelante que fazia do lado de fora, eles subiram a rampa e fecharam a portinhola de Snort, junto com todas as janelas do ônibus.

Depois que Snort e Tiger já estavam acomodados cada um no seu lugar de dormir, Collin ligou o aquecedor a gás do ônibus e pulou na cama. Um vento glacial açoitava o ônibus e fazia a noite parecer triste e solitária. Collin e Deb caíram no sono, mas Snort continuou acordada. Ela fossava sua cama, parecendo ansiosa e aflita. Algumas horas depois, a porca correu pelo corredor do ônibus e grunhiu tão alto que acordou Deb.

Achando que Snort queria se aliviar, Deb deixou-a sair. À luz do luar, o animal se acalmou, embora ainda se recusasse a ficar quieta. Ela andou daqui e dali, farejou a grama de Claudia — mas não mostrou nenhum interesse em fazer o que Deb pensou que ela queria. Intrigada com o comportamento estranho da porca, Deb levou-a para dentro do ônibus e fez com que voltasse para a cama.

Mas não por muito tempo. Dessa vez, ainda mais determinada a acordar a família toda, Snort bateu repetidamente seu corpo balofo contra os assentos e paredes do ônibus, guinchando e roncando em alarme. Ela não ficaria quieta não importava o que Deb fizesse para contê-la. Deb finalmente arrastou-a para fora do ônibus mais uma vez. Mas Snort ainda não parecia satisfeita. Andava de um lado para o outro, farfalhava o capim seco e dava a impressão de que queria comunicar alguma coisa a Deb. Tremendo de frio, Deb cruzou os braços agasalhando o peito e sorveu o ar gelado. Será que Snort tinha enlouquecido? Ela sempre fora dócil e alegre. Agora olhe para ela: estava se comportando como uma louca varrida. Também não parecia nem um pouco interessada em ir ao banheiro.

— Anda logo! Faz xixi! — incentivava Deb.

Mas ela não obedecia. Frustrada, Deb forçou-a a entrar de volta no ônibus.

Snort ainda parecia incomodada. Lá pelas 5 da manhã, ela enlouqueceu de vez. Guinchava, corria desenfreadamente pelo corredor do ônibus e fazia tanto barulho que Tiger até rosnou para ela. Deb sentou-se na cama, sobressaltada.

— *Você* a leva lá fora desta vez — ordenou a Collin.

Collin não respondeu. Ela apertou os olhos para tentar vê-lo na escuridão e o sacudiu pelo ombro. Voltou a chamá-lo, mas não ouviu nenhuma resposta.

— *Collin!*

Dessa vez ele ao menos conseguiu sussurrar:

— Não consigo respirar. Acho que estou tendo um ataque cardíaco.

Com náuseas horríveis, ele sentia como se tivesse tomado um soco no estômago. Os braços e as pernas pareciam paralisados. Fraco e confuso, estava apavorado com os sintomas repentinos e inexplicáveis.

Snort, no entanto, parecia saber o que estava acontecendo e considerou a situação caótica; à beira do histerismo, ela guinchava com estridência e atirava-se de encontro ao ônibus. Deb jogou as cobertas para o lado e atravessou correndo o gramado em direção à casa de Claudia. Tentou discar o número do resgate, mas não conseguiu mover os dedos; Claudia teve de discar para ela.

As duas correram de volta para Collin, que estava tendo convulsões. Snort ainda guinchava e debatia-se, tentando claramente comunicar que algo terrível estava acontecendo. Claudia arrastou Collin para o gramado e Tiger e Deb a seguiram. Com todos finalmente fora do ônibus, o pânico de Snort diminuiu. Depois que seus avisos foram enfim levados em conta, ela deitou no chão ao lado de Collin e não tirou os olhos dele até a ambulância chegar.

No pronto-socorro, os médicos o colocaram num balão de oxigênio e examinaram o coração enquanto Deb, com as mãos ainda trêmulas, tentava preencher a ficha de admissão. Ela sentou-se ali, confusa e apavorada.

Os médicos também estavam confusos: não havia nenhum problema com o coração de Collin. Então alguém perguntou se ele não poderia ter sido envenenado por monóxido de carbono. E Collin lembrou-se do aquecedor a gás. Os médicos imediatamente interpelaram Deb, que, aturdida, tentava escrever.

Aos poucos, a equipe de médicos conseguiu juntar as peças do quebra-cabeça. O aquecedor a gás do ônibus tinha um vazamento. Ao levar Snort para fora do ônibus, Deb tinha respirado ar fresco o suficiente para não ficar tão envenenada quanto Collin. Snort e Tiger, deitados no chão, também tinham respirado menos monóxido de carbono que Collin.

O olfato apurado de Snort — tão bom quanto o de seus parentes europeus, caçadores de trufas — fez com que ela detectasse o monóxido de carbono tão logo Collin fechara o ônibus. Ela tinha percebido que algo estava errado e fora tão insistente em sua aflição que Deb não pudera ignorá-la. Conforme disseram os médicos, sem a determinação de Snort, em quinze minutos Collin teria morrido.

À medida que aos poucos se recuperava no hospital, Collin refletiu sobre o quanto quisera morrer depois de perder a fazenda e como estava satisfeito agora por estar vivo. O salvamento de Snort lhe dera uma segunda chance; e ele não a desperdiçou, continuando a mortificar-se, lastimar-se e a remoer sua raiva. Quantas vezes não se perguntara: "Por que eu não morri?" Para ter então a vida salva por uma porca — mesmo sendo uma porca de estirpe como era Snort. Bem, isso parecia loucura. Deus está tentando me dizer algo, concluiu ele.

Nas semanas que se seguiram, Collin também concluiu que devia haver uma razão para ele ainda estar vivo. E teria de descobrir sozinho que razão era essa. Ele rezou, contemplou o céu e pensou muito. Aos poucos, seu jeito pessimista esmoreceu. Uma manhã, ele embarcou Deb, Tiger e Snort no ônibus e rumou para Sioux City, em Iowa, com a intenção de começar vida nova na cidade em que os filhos moravam.

Trabalhando como mecânico de caminhões, Collin juntou dinheiro suficiente para abrir um armazém. Também procurou ser um pai melhor para os filhos. E, é claro, não esqueceu o quanto devia a Snort. Construiu para ela — que na época já tinha quase 50 quilos — um chiqueiro particular atrás da casa e agora andava orgulhoso com ela pela vizinhança, levando-a por uma coleira e acenando e sorrindo para os passantes.

Snort fez mais do que salvar a vida de Collin. Com seu coração cheio de bondade, ela também salvou a alma desse homem. E embora ele possa dar boas risadas ao lembrar a noite em que quase morreu, nunca deixou de sentir profunda gratidão pela porca.

CAPÍTULO DOIS

Luta Desigual

Depois de limpar sua casa, em Rosenhayn, New Jersey, Kathleen Fornataro afundou na cadeira de balanço giratória e ligou a TV. Ainda tinha alguns minutos para descansar, antes de o marido, Al, chegar do trabalho.

Enrodilhada no tapete da sala, parecendo uma bolinha vermelha, estava Ginger, sua lulu-da-pomerânia, de 2,2 quilos. Ginger já fora uma criaturinha lépida, que sabia dançar sobre as patas traseiras, andar arrastando a barriga no chão e fazer muitas outras gracinhas. Mas agora, aos 15 anos de idade, ela era uma velhinha banguela cujos dias de dançarina já tinham ficado para trás há tempos. Como era cardíaca, costumava adormecer sentada e desmoronar no chão, em sono alto. Dormia a maior parte do tempo e, como era surda, não dava a mínima para a campainha da porta ou para o som de vozes.

Kathleen deu uma olhada em Ginger para ver se ainda estava bem e trocou o canal da TV. Nesse instante ouviu alguém chegar, cantando, pela porta da frente. Pensando ser o filho, ela girou a cadeira em direção à porta para saudá-lo.

Mas o homem de olhar desvairado que viu na sala *não* era seu filho. Era um estranho gigantesco e ameaçador, com músculos que saltavam da camisa. Agitado como um junco ao vento, ele atravessou a sala com ar petulante, como se a casa fosse dele.

— Sei quem VOCÊ é! — gritou — É a mulher do cara da polícia!

— Não, não sou, não! — negou Kathleen, tentando fazer a voz parecer calma. — Meu marido não é da polícia.

O homem parou bem perto dela, tão transtornado que seu corpo todo tremia.

— Não estou nem aí se ele é ou não é da polícia! Ele está morto! Lá fora! Acabei de matá-lo! E AGORA VOU MATAR VOCÊ!

Mas em vez de vir ao encontro dela, ele se sentou na poltrona do outro lado da sala, com o corpo contraído e trêmulo.

O coração de Kathleen batia tanto que ela sentia como se um animal em pânico tivesse sido pego numa armadilha dentro dela. Ondas de náusea lhe reviravam o estômago. Sua saliva tinha o gosto do medo. Ela ficou certa de que Al tinha entrado na garagem e fora assassinado pelo maníaco. Imaginou o marido apunhalado pelas costas, sangrando, debruçado sobre o volante.

A qualquer minuto ela estaria morta também. E o mesmo aconteceria com Ginger, sua amada cachorrinha, se ela acordasse e se levantasse do lugar onde dormia. Embora Ginger fosse muito pequena e decrépita para assustar uma pessoa normal, ela poderia fazer com que o homem enlouquecido ficasse ainda mais transtornado. Ele não pensaria duas vezes antes de matá-la.

Por alguns instantes que pareceram séculos, ele balbuciou uma torrente incompreensível de ameaças para Kathleen. Seu rosto estava vermelho, enquanto ele vociferava. Quando se levantou, ela fez o mesmo, numa atitude defensiva. O homem atravessou a sala e quase encostou o rosto suado no dela.

— Tudo bem. Vou matar você! VOCÊ VAI MORRER AGORA! AGORA!!

Com a cabeça girando, Kathleen agarrou o encosto da cadeira de balanço.

Foi aí que Ginger abriu os olhos. Parecendo reconhecer no mesmo instante que o homem era perigoso, a cadelinha pôs-se de pé, latindo e uivando. Com suas perninhas enrijecidas pela artrite, cruzou a sala e investiu o corpinho franzino contra o homenzarão, grudando no tornozelo dele. Aos gritos, ele sacudiu a perna e chutou-a para longe, como se fosse uma bola de futebol.

Ginger, arremessada contra a parede, ganiu de dor e, num baque, caiu no chão. Kathleen correu para ela, pegou-a no colo e apertou o animalzinho de encontro ao coração, que batia enlouquecido. Ainda certa de que o homem a mataria, Kathleen virou-se para encará-lo de frente.

Mas, de alguma forma, o ataque da cachorra o tinha feito esquecer momentaneamente a idéia de matar.

— EU SOU DEUS! — ele gritou.

— Sim, claro, certamente que é.

— Você não acredita em mim, não é?

— Acredito, acredito, sim. Você é Deus.

— Eu posso provar. OLHE!!

O homem desabotoou a camisa, avançou na direção de Kathleen com o peito nu e, inesperadamente, correu porta afora.

Tremendo da cabeça aos pés, ela correu ao telefone para chamar a polícia. Enquanto discava, olhou pela janela e viu que o carro da patrulha já estava parado em frente à casa.

Soluçando, correu num ímpeto pela porta da frente.

— Encontrem meu marido. Por favor. Por favor, encontrem meu marido! — implorou à polícia. — O homem o matou.

Mas o caminhão de Al não estava na garagem. Ele não chegara em casa ainda. Ainda estava vivo.

Ela suspirou de alívio, e abraçou mais forte o corpinho de Ginger. A corajosa cadelinha a salvara. E o atraso de Al nessa noite salvara a ele.

Os policiais já haviam feito uma busca no quintal à luz de lanternas, procurando pelo homem que assaltara o caixa de uma mercearia, atacara quatro pessoas num estacionamento e correra em direção à vizinhança de Kathleen, gritando aos quatro ventos que era Deus. Na verdade, tratava-se de um esquizofrênico que parara de tomar os medicamentos que mantinham a doença sob controle. Era tão forte e violento que foi preciso quatro policiais para derrubá-lo.

Apesar de tudo, Ginger — mesmo velha, doente e desdentada — não hesitara em deter, com seu corpinho de 2,2 quilos, um homem de 1,80 metro de altura, para proteger quem amava.

Para proteger as pessoas que amam, os animais muitas vezes travam batalhas aparentemente perdidas. Eles ignoram seu próprio tamanho, condições de saúde, limitações e segurança. Tudo o que aparentemente importa é oferecer proteção, independentemente das conseqüências.

Um exemplo dessa desinteressada bravura foi publicado em *Animal Heroes*, de Karleen Bradford. Grizzly, um husky siberiano de pêlo preto e prateado, era o líder da matilha de Paul Guitard. Numa manhã de junho, ele atrelou Grizzly e outros sete cachorros ao seu trenó e levou-os por uma trilha em Ontário, Canadá. No caminho, passou acidentalmente entre uma ursa e seus filhotes. O animal, na tentativa de proteger os filhotes, investiu o corpo gigantesco contra Guitard. Ela arrastou-o para longe do trenó, mordeu-lhe a perna e o braço e jogou-o no chão para dar cabo dele.

De modo geral, quando Guitard separava-se dos cães, eles continuavam correndo. Grizzly, no entanto, pareceu perceber que Guitard precisava desesperadamente de ajuda. O cão conseguiu, não se sabe como, parar os outros sete cachorros e fazê-los dar a volta. Agindo em equipe, todos correram de volta para onde estava Guitard.

Embora atrelado aos outros sete cães, Grizzly pulou sobre a ursa e lutou com ela tempo suficiente para Guitard correr e subir numa árvore. Quando a ursa percebeu que sua presa escapara, foi ao encalço de Guitard, agarrou seu pé e tentou, aos puxões, derrubá-lo da árvore. Ele a chutou várias vezes. O cão atacou-a mais uma vez com tanta fúria que ela acabou desistindo.

Pálido de dor e sangrando profusamente, Guitard continuou, por sete horas, agarrado aos galhos da árvore. A cada trinta minutos, aproximadamente, a ursa voltava e tentava alcançá-lo. Cada vez que isso acontecia, ele se preparava para ser feito em pedaços. Mas, toda vez que a ursa aparecia, Grizzly enfrentava o animal, afugentando-o. Com os movimentos restritos pelo arreio que o atrelava aos outros cães, o husky estava em posição tão desvantajosa quanto um boxeador com uma das mãos amarrada às costas. Ainda assim, ele rosnava, mordia e investia contra a ursa — conseguindo afugentá-la cada vez que ela resolvia voltar.

Finalmente, à tarde, os amigos de Guitard desceram a mesma trilha à procura dele. Quando a ursa voltou a persegui-lo, um dos homens atirou nela. Eles levaram Guitard para o hospital, onde suturaram suas feridas. O único ferimento que Grizzly sofreu foi um talho no focinho, causado por uma patada da ursa.

Num gelado dia de inverno, Sean Lingl e seu amigo Danny Parker remavam num pequeno bote de plástico, pela foz do rio Nimpkish, em Vancouver, Colúmbia Britânica. A chuva forte não dava trégua e o vento encapelava a água, sacudindo o barco de um lado para o outro, como se fosse um dedal. Os rapazes, no entanto, ansiosos para chegar a uma ilha perto da costa, continuavam remando.

Sentado entre os dois, estava Tia, a retriever do labrador chocolate de Lingl, que contemplava a cena amedrontada. Na posição em que estava, era quase imperceptível o fato cruel de que ela só tinha três patas. Quatro anos antes, enquanto perseguia o caminhão de Lingl por uma estrada de pedregulhos, ela caíra numa vala e cortara a pata traseira direita numa garrafa quebrada. O veterinário cuidara dela, mas o ferimento tinha infeccionado e espalhara-se pela perna.

— Tenho de amputá-la — dissera ele a Lingl. — Não há outra saída.

Lingl pensara em sacrificá-la. Não queria vê-la mancando, aleijada, pelo resto da vida, com todo mundo chocado e morrendo de pena ao olhar para ela. Mas o veterinário o persuadira a deixá-la passar pela cirurgia. Depois disso, o espírito indômito da cachorra acabaria por convencê-lo de que acertara ao deixá-la viver.

Quando o vento jogou água para dentro do barco, Lingl não ficou preocupado. Conforme Parker, o envoltório duplo de plástico criava um bolsão de ar que mantinha o barco na superfície, mesmo que enchesse de água. Contanto que a camada exterior não furasse, eles não corriam perigo. Se isso acontecesse, a água entraria pelo buraco e invadiria o bolsão, fazendo o bote afundar.

Mas quando ele começou a pender cada vez mais para o lado, Lingl começou a ficar preocupado.

— Tem alguma coisa errada — comentou. — Talvez seja melhor voltar.

— Então vamos voltar — concordou Parker.

Quando deram meia-volta e apontaram o barco para a margem, o vento virou o bote e os arremessou, junto com Tia, nas águas geladas. Os jovens atirados para fora do barco, tremiam violentamente. Para manter a cabeça fora da água, agarraram-se à borda do barco emborcado.

— Onde está Tia? — gritou Lingl.

Tateou ao redor à procura da cadela e encontrou-a presa sob o bote. Agarrando-a pelo pêlo, puxou-a para fora, libertando-a. Mesmo tendo apenas três patas, ela poderia nadar até a margem e se salvar.

Lingl e Parker não tinham tanta sorte. O frio era o maior problema. Eles não conseguiriam sobreviver naquelas águas geladas por muito tempo. E o que era pior, ambos usavam botas pesadas e coletes protetores atados por cintas e suspensórios. Se os coletes continuassem a se encher de água, Lingl e Parker afundariam feito âncoras. E não havia como pedir ajuda.

Lingl ergueu o corpo só o suficiente para ver sobre o bote. Calculou que teriam de cruzar uns 100 metros nas águas geladas para chegar à praia... e só tinham alguns minutos para fazer isso, antes de afundar ou morrer de frio. Estavam frente a frente com a morte e tinham consciência disso.

Então Lingl subitamente percebeu que o barco estava se movendo em direção à praia. Surpreso, olhou ao redor para saber quem era o responsável por tal milagre. Tia havia agarrado entre os dentes a corda do bote e, com suas três pernas, nadava com todas as suas forças, determinada a levar o barco para um lugar seguro.

Atônitos diante da coragem do animal, Lingl e Parker ajudaram-na a levar o barco batendo os pés, mesmo carregando o peso extra dos coletes encharcados. Embora o vento agitasse a água, formando ondas gigantescas e jogando a cadela de um lado para o outro como se fosse uma rolha, ela cerrava os dentes em volta da corda e nadava o mais que podia para não afundar. Com os olhos ardendo em contato com a água salgada, ela lutou contra as ondas até que finalmente conseguiu levar o barco para um lugar onde as águas já não eram tão profundas. Então largou a corda, enquanto os dois amigos cambaleavam em direção à praia.

O cabelo dos jovens congelou instantaneamente enquanto seguiam para o carro. Farpas de gelo também começavam a se formar no pêlo de Tia. Mas ela não ligou para isso. Com seu andar claudicante, acompanhou Lingl e Parker, como se estivesse um lindo dia de sol e ela não tivesse feito nada de especial.

Lingl abaixou-se, abraçou a cadela e agradeceu-a por resgatá-los. Já era difícil imaginar qualquer cachorro rebocando um barco num mar gelado e turbulento; quanto mais um de três pernas. Um cão de três pernas que consegue rebocar um barco até a praia?

— Ninguém vai acreditar nisso — comentou Lingl a Parker.

CAPÍTULO TRÊS

Defensores dos Doentes

Goliath, uma iguana verde-esmeralda de quase um metro e meio de comprimento e textura de uma bola de futebol americano, aninhou-se sob o pescoço de Duane Wright, morador de Tucson, Arizona.

— Boa garota. Amo você! — murmurou ele para o réptil, a quem dera o nome de Goliath, antes de perceber que se tratava de uma fêmea.

Goliath aconchegou-se contra o pescoço dele como se dissesse: "Também te amo". Ou pelo menos era isso que Wright achava que ela queria dizer.

Essa não era a única forma de demonstrarem afeição. Quando Goliath chegara à casa de Wright, a iguana espirrara. Sem pensar, ele respondera:

— Também te amo!

Logo ela passara a se empoleirar no ombro dele várias vezes por dia e a espirrar em seu rosto, o que para Wright era uma expressão da ternura. Ela ficava horas atravessada sobre o peito dele, com as pernas esticadas, e descansando a cabeça em sua camisa, como se quisesse abraçá-lo.

— As iguanas são extremamente afetuosas com quem gosta delas — explicava Wright à mulher, Arlene.

Goliath, que tinha olhos castanhos flamejantes e garrinhas afiadas, fazia companhia a Wright 24 horas por dia, sete dias por semana. Por não ter pêlos nem ser agressiva, ela era o único animal de estimação que os médicos permitiam que ele tivesse. Como tivesse asma, doenças crônicas no pulmão e uma terrível falta de ar, Wright tinha de passar a maior parte do tempo confinado num cômodo da casa, ao lado de máquinas que administravam medicamentos para o pulmão a cada hora e controlavam a umidade e a temperatura do ar. Durante o dia, ele ficava deitado ou reclinado na cama, com Goliath bem junto dele. À noite, ele e Goliath dormiam perto de um sistema de comunicação, para que Arlene pudesse monitorar a respiração do marido, mesmo estando em outro quarto.

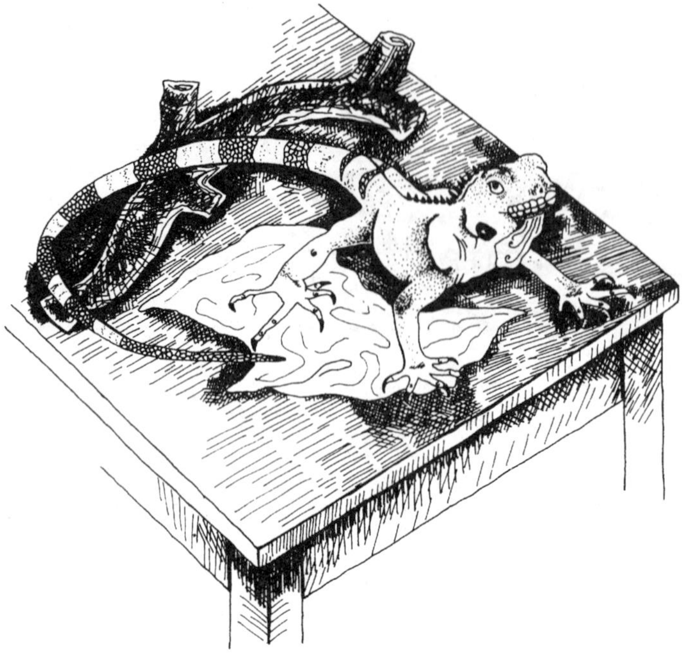

Aconteceu de uma noite ele não se sentir bem. Em vez de levar Goliath para a cama, como costumava fazer, ele tentara desalojá-la de seu peito e colocá-la num lugar feito especialmente para ela, numa mesinha de computador. O local tinha toda espécie de conforto que, na visão dele, uma iguana apreciaria: troncos onde poderia subir, travesseirinhos e uma almofada térmica onde podia se deitar, e até mesmo um recipiente com água, feito de uma vasilha hospitalar em forma de rim, que Wright cobrira com argamassa e tinta preta para ficar parecida com uma pedra; assim ela se sentiria em casa.

Nessa noite, Goliath não tinha nada que fazer no seu poleiro especial. Ela se recusou a soltar as garras da camisa de Wright nem deixou que ele fosse para a cama sozinho. Em vez disso, insistiu em lhe fazer companhia, aconchegando o corpo no peito dele, do jeito que costumava fazer. Ele a afagou, ajeitou-se sob as cobertas e caiu no sono.

Em torno da uma e meia da manhã, teve a vaga sensação de que Goliath batia a cauda em seu rosto, mas estava com muito sono para ver o que ela queria. Como ele não abrisse os olhos, Goliath arranhou e mordeu o rosto dele. Não havia dúvida de que estava determinada a acordá-lo. Enquanto ele continuava a dormir, ela lhe deu rabadas, arranhou-o com as garras e fez tanto alvoroço que Arlene finalmente ouviu pelo sistema de comunicação.

Ao correr para o quarto de Wright, descobriu o porquê de toda aquela agitação. Ao entrar viu que Goliath finalmente conseguira acordar Wright, que sufocava com falta de ar. (A iguana podia ter pressentido isso antes mesmo de Wright ir para a cama.)

Concluída sua tarefa, Goliath observava Arlene ajudar Wright com o respirador. Quando a respiração do marido melhorou, ela o levou às pressas para o hospital, ainda tonto e nauseado. Chegando ali, os médicos lhe ministraram oxigênio e medicamentos intravenosos para desobstruir os pulmões.

Wright contou aos médicos que Goliath salvara a vida dele; tinha se preocupado com ele.

— Não há como não amar um animal que salva a nossa vida — concluiu.

Ansioso para rever sua iguana guardiã, Wright voltou para casa e encontrou Goliath descansando, empoleirada num tronco sobre a escrivaninha e com a cauda verde caída dentro da vasilha com água. Ela esperava por ele.

Quando alguém está precisando urgentemente de cuidados médicos, os animais geralmente ficam extremamente agitados e tentam procurar alguém para ajudar. Uma vez uma mulher foi acordada por seu gato surdo-mudo que, em vez de miar, jogava o corpo de encontro ao peito dela várias e várias vezes. A mulher descobriu que o marido estava inconsciente e tinha acabado de ter um ataque cardíaco.

Brat, uma gata de Wheeling, Illinois, acordou Karen Ybarra Hummerlich de um sono profundo, miando, lambendo as pálpebras da dona e arranhando-a. Quando ela a enxotou, Brat correu para a porta do quarto do filho de Karen, Jose, e miou com tanta fúria que a mulher saiu da cama e seguiu o animal. No quarto encontrou Jose inconsciente, debatendo-se sob as cobertas; seus olhos reviravam. No hospital, os médicos diagnosticaram meningite bacteriana. Se Brat não tivesse feito tanto estardalhaço, talvez o menino não tivesse sido medicado a tempo de evitar danos cerebrais — ou a morte.

Sabemos que os cães também ficam agitados e correm em busca de ajuda quando alguém está impedido de se locomover. Já li relatos de pessoas que foram avisadas pelo cãozinho de estimação de que a avó jazia no chão, desacordada; de que um homem tivera as costelas e os quadris esmagados por um trator desgovernado; e de que alguém sangrava, tivera um ataque ou entrara em choque por falta de insulina. Uma vez um homem prendeu o braço num soprador de neve e caiu, sangrando, numa via expressa. Seu cão partiu em seu socorro, correndo à procura da mulher dele.

Era uma vez uma cadelinha chamada Girl.

Depois que um raio atingiu várias árvores na propriedade de Ray Ellis, em Martins Ferry, Ohio, ele levou consigo seu pastor alemão, Girl, para cortar lenha. Como sempre, Girl sentou-se ao lado dele e ficou de guarda, como se fosse uma sentinela. Nem o ronco da serra elétrica agredindo seus ouvidos sensíveis era suficiente para fazê-la abandonar seu posto.

Ray a levara para casa alguns anos antes, depois de tê-la encontrado, perdida e enlameada, junto à sua caixa de correio. Depois de dois meses tentando procurar o dono da cadela, ele desistira.

— Ela é minha — disse Ray à mulher, Dorothy. — Vamos ficar com ela.

Girl passou a demonstrar uma lealdade à toda prova, talvez em gratidão a ele.

Ray serrou uma árvore em toras, carregou o trator e voltou para casa. Durante todo o tempo, Girl não saiu do lado dele. Então eles voltaram ao bosque mais uma vez, para serrar uma árvore que caíra sobre outra menor, fazendo-a curvar-se até quase tocar o chão. Quando Ray serrou a árvore maior em pedaços, a menor levantou-se violentamente, atingindo-o em cheio na cabeça e deixando-o desacordado. A serra elétrica, ainda ligada, cortou-lhe a virilha em cinco lugares e dilacerou seu tornozelo até expor o osso.

Girl curvou-se sobre Ray, que jazia numa poça de sangue. Ela o cheirou, ganiu baixinho e pareceu atinar que ele corria perigo. Quando a lâmina da serra elétrica fincou no chão e finalmente parou, Girl disparou para casa em busca de ajuda. Dorothy a viu se aproximar, ao olhar pela janela, mas, como o animal nunca saía do lado de Ray, supôs que ele estivesse vindo para casa.

Mas Ray demorava a chegar. Enquanto isso, Girl continuava latindo freneticamente do lado de fora. Vendo que Dorothy não atendia ao seu chamado, o pastor alemão jogou-se contra a porta da frente até Dorothy abri-la. Girl latiu com mais urgência ainda e correu para o canto do quintal que margeava o bosque, voltando em seguida.

— O que você está tentando me dizer? — perguntou Dorothy.

Girl "respondeu" da única forma que sabia: latiu e correu novamente em direção ao bosque.

Seguindo-a, Dorothy encontrou Ray deitado no chão, próximo à serra elétrica. Ele devia tê-la desligado para tirar um cochilo, pensou. Ela não entendera Girl; a cachorra só devia estar querendo brincar, não tentando fazer com que Dorothy a seguisse, concluiu.

— O jantar está pronto — avisou. — Venha, vamos para casa.

Ray não se mexeu.

Quando chegou mais perto, Dorothy viu sangue espalhado por todo lado. Mal conseguindo respirar, saiu correndo de volta para casa e chamou a ambulância.

Girl, encolhida ao lado de Ray, tentava afastar os médicos que voltaram com Dorothy. Somente quando a dona a prendeu na coleira e puxou-a para trás é que a cadela desistiu de proteger Ray e permitiu que os médicos se aproximassem.

Enquanto Ray recuperava-se no hospital, Girl recusou-se a comer, sentindo a falta dele em casa. Mesmo na ausência do dono, ela lhe era fiel.

Quando se trata de pessoas doentes ou machucadas, os cães podem fazer mais do que simplesmente latir e correr em busca de ajuda. Quando a máscara de oxigênio de Judi Bayly saiu do lugar, no meio da noite, um alarme soou. Seu setter irlandês, Lyric, tentou acordá-la, mas foi em vão. O cão então tirou a focinhadas o telefone do gancho e pressionou três vezes uma tecla de discagem rápida, programada para chamar o resgate.

Um ato de compaixão? Provavelmente, mas ninguém pode ter certeza, pois Lyric era um cão treinado para pedir ajuda pelo telefone, exatamente como fez.

No entanto, de acordo com uma história verídica publicada em *Pet Heroes*, da autoria de Paul Simons, Gemma, uma vira-lata comum, que nunca recebera nenhum tipo de treinamento, agiu segundo seu coração ao ajudar Darren Mahon. Depois que a dona teve um ataque e caiu inconsciente no chão, em Birmingham, Inglaterra, Gemma esperou até o telefone tocar, então empurrou o fone do gancho e latiu feito louca. Preocupado com a possibilidade de isso significar que Darren estava com problemas, a pessoa do outro lado da linha correu até a casa dela, encontrou-a inconsciente e chamou a ambulância.

Se os animais não conseguem encontrar ajuda para a pessoa que precisa de atendimento urgente, às vezes tentam eles mesmos ajudá-la. Em muitos casos, essas criaturas demonstram grande compaixão e uma intuição fantástica a respeito do que é preciso fazer para ajudar a pessoa em apuros.

- Trixie, uma cadelinha mestiça, estava sozinha em casa com Jack Fyfe, quando ele teve um derrame em Sydney, Austrália. Paralisado e incapaz de sair da cama, Jack não tinha como beber água — então ele pediu a Trixie para lhe trazer água. A cadela foi até ao banheiro, pegou uma toalha com os dentes, mergulhou-a na sua vasilha de água e arrastou-a até a cama de Jack. Trixie então soltou a toalha sobre o rosto dele, de forma que o dono pudesse sugar a água dali.

Quando a água da vasilha acabou, ela molhou a toalha no vaso sanitário e levou-a para Jack. Por nove dias — até que a família notou a falta dele numa festa e foi até sua casa ver o que acontecera —, Trixie impediu que Jack morresse de desidratação. Ele ficou no hospital durante cinco meses, realibilitando-se e depois voltou para casa e para a companhia de sua cadelinha.

- Scout, um retriever do labrador de Waurika, Oklahoma, balançou o rabo, ansioso, quando Mary Gladys Baker, uma senhora de 84 anos, saiu de casa numa noite fria para ver se ele estava bem. Vestida apenas com uma camisola e um casaco leve, ela escorregou, caiu e quebrou a bacia. Ficou ali deitada no chão sem poder se mexer, tremendo de dor e de frio. Percebendo seu sofrimento, Scout foi até sua casinha de cachorro, pegou com a boca sua velha colcha e arrastou-a até Mary. Então cobriu-a com a colcha, deitou do lado dela e aqueceu-a com seu corpo até que a socorreram na manhã seguinte.

- Bug, um gato de Oklahoma cuja história foi publicada na ravista *Cat Fancy*, observava sua dona tossir e espirrar na cama, com uma febre de 39 graus. A mulher não tinha nada em casa para aliviar seus sintomas, pois o filho tomara todos os remédios para gripe na semana anterior. Desolada e deprimida, ela chorou até cair no sono. Quando acordou, Bug estava sentado na cama, próximo a uma pequena pilha de surpresas que havia juntado para ela e colocado sobre o cobertor: um brinquedinho próprio para gatos, um brinco que ela perdera e uma cartela suja de remédio que Bug provavelmente tirara de debaixo da cama. Na cartela havia uma pastilha para garganta velha e empoeirada.

Quando a filha de Roz Brown chegou em casa com um pacotinho de guloseimas para Holly, uma terrier de Cambridge, Inglaterra, a cachorrinha ficou eufórica. As deliciosas balinhas eram chamadas *jelly babies*, uma versão inglesa das balinhas de goma *gummy bears*, em formato de bebês e cobertas de açúcar granulado.

Holly ganiu de alegria e pulou sobre as patas traseiras logo que sentiu o cheiro do doce. Assim que ganhou duas *jelly babies*, abocanhou-as, lambeu os beiços e sacudiu o rabo pedindo mais. Mas Roz achou que duas balinhas já eram o suficiente. A filha então deixou o pacote de balas sobre a mesa de centro da sala.

Pouco depois que a filha saiu, Roz, uma mulher de 38 anos, começou a se sentir fraca e com um terrível mal-estar. A taxa de açúcar em seu sangue diminuiu tanto que ela caiu no chão inconsciente. Holly pareceu perceber que Roz precisava de ajuda; trepou na mesa para pegar as *jelly babies* e, com o focinho, derrubou o pacote de balas no tapete. Embora uns minutos antes estivesse maluca atrás dos doces, ela não os devorou. Em vez disso, empurrou duas balinhas para fora do pacote e arrastou-as com o focinho pela sala — deixando-as ao lado da boca de Roz. Então, tentou acordá-la, dando focinhadas.

Quando os olhos de Roz se abriram, Holly estava sentada pacientemente ao lado dela, junto das duas *jelly babies*. Roz só teve forças para colocá-las na boca; era toda energia de que precisava para alcançar as outras duas balas que estavam no pacote. Depois de engoli-las, conseguiu chegar até a cozinha para comer algo mais substancial, que fizesse a taxa de açúcar no sangue voltar ao normal.

— Tina é uma capeta! — reclamou Nora Martyniak, de Lakeville, Massachusetts, para a amiga Susan.

Enquanto trabalhavam no imposto de renda de Nora, Tina, uma vira-lata preta cheia de energia, saracoteava pela sala de estar de Nora na velocidade de um raio. Ela corria, circulava o tapete, cheirava daqui e dali, latia e se recusava a se deitar e ficar quieta. Desde que tinha ganho um novo lar duas semanas antes, os termos "agitada" e "peripatética" tinham virado adjetivos pessoais.

A vida de Tina, uma cachorra de rua, antes de vir para a casa dos Martyniak, não tinha sido fácil. A família com quem morava antes a recolhera da carrocinha horas antes de ser sacrificada. Eles tentaram moderar a sua personalidade irrequieta, mas seu comportamento indisciplinado em poucos meses já os deixara tão esgotados que resolveram se livrar dela. Quando perguntaram a Nora se ela ficaria com Tina, a moça ficara com pena ao pensar que a pobre cadelinha seria abandonada mais uma vez.

Mas seu marido, Steve, fora inflexível:

— Nada de cachorro!

Fora uma luta fazê-lo mudar de idéia.

Bem a contragosto, ele fora buscar Tina. Como não havia outro jeito senão aceitá-la, Steve tentara tirar o melhor proveito da situação inesperada. Dera biscoitos a Tina, brincara com ela e a levara para correr na neve para ver se diminuía um pouco sua incansável energia. Ele logo se tornara o melhor amigo dela, mas a devoção que Tina tinha por ele não minorava em nada o *stress* diário que era conviver diariamente com a insegurança e constante agitação da cachorra. Tina não era um animalzinho fácil.

Agora ela latia perto do sofá, enquanto Nora e Susan trabalhavam no imposto de renda. Quando Steve entrou na sala depois de tirar a neve da frente da casa, Tina atirou-se sobre ele, cumprimentando-o cheia de alegria.

— Você pode mantê-la aqui um pouco? — Steve perguntou a Nora. — Vou ler o jornal e preciso de paz e sossego.

Steve entrou em seu gabinete, esticou-se na poltrona reclinável de *tweed* marrom e deu uma olhada nas manchetes. Nora tentou segurar Tina para evitar que ela fosse incomodá-lo. Mas a cachorra estava com a corda toda: ela arquejava, latia e queria a todo custo ir atrás de Steve.

De repente, a ansiedade do animal transformou-se em alarme. Tina pulou e levantou as orelhas. Seu pêlo se eriçou. Ela firmou as patas sobre os joelhos de Nora, latiu e pôs as patas dianteiras no colo dela.

— Quieta! — mandou Nora, sem entender a urgência de Tina.

Virando-se para Susan, comentou:

— Tina voltou a ser a capeta de sempre.

Quando Nora segurou-a pela coleira para evitar que ela esbarrasse em Susan, a cachorra deu um puxão tão violento, na tentativa de escapar, que quase quebrou os dedos de Nora.

— Tudo bem! Tudo bem! — desistiu Nora, soltando-a.

Tina disparou para o escritório de Steve, então voltou correndo para a sala; depois latiu e ganiu insistentemente, voltou para Steve e em seguida para Nora e Susan novamente — tudo isso várias vezes seguidas. Cada vez que Tina irrompia para dentro do escritório, pulava sobre a poltrona de Steve, fazendo o móvel balançar e ranger sob seu peso.

A paciência de Nora estava se esgotando.

— Ela não costuma ser tão endiabrada. Não posso imaginar o que esses dois estão fazendo.

Alguns minutos depois de Susan ir embora, Nora entrou no escritório para descobrir o que estava acontecendo. Tudo parecia calmo — Steve estava reclinado na poltrona, descansando, com as mãos no peito, exatamente como sempre fazia quando tirava seus cochilos. Mas Tina pulava para cima e para baixo sobre o peito dele e forçava a boca do dono com o focinho, tentando abri-la. Cada vez que a boca fechava, ela a abria novamente.

Que brincadeira idiota, pensou Nora.

— Como você pode dormir com esta cachorra maluca em cima de você?

Mas Steve não respondeu.

Nora então andou até onde ele estava. Tentou tirar Tina de cima dele para que o marido pudesse cochilar em paz. Com horror, percebeu que o rosto dele estava arroxeado. Nora empurrou Tina, mas a cachorra lutou com ela e continuou forçando a boca de Steve a abrir para ajudá-lo a respirar.

De tão apavorada, Nora quase não conseguia respirar também. Ela arrastou Tina para a cozinha, chamou a polícia e correu de volta para Steve, cujo rosto estava mais arroxeado ainda. Enquanto Tina latia furiosamente atrás da porta da cozinha, Nora tentou a única manobra de ressuscitamento que sabia: pressionou o peito de Steve, abriu sua boca e fez respiração boca a boca. Mas ela não teve mais sucesso do que Tina ao tentar manter a boca de Steve aberta; por ele estar deitado, sua boca sempre voltava a se fechar.

Quando a polícia e os paramédicos chegaram, deram-lhe oxigênio e tentaram ressuscitá-lo. Depois disso, levaram-no para o hospital para fazer exames e ficar em observação. Misteriosamente, o eletrocardiograma não revelou nenhuma evidência de ataque cardíaco. Os médicos não conseguiram explicar por que ele havia parado de respirar.

No entanto, uma coisa era certa: Tina percebera que Steve estava em apuros mesmo a distância, quando estava na sala, sem poder vê-lo no escritório. Quando conseguira chegar até ele, ela também tentara ajudá-lo a respirar, assim como Nora, por meio de uma manobra de ressuscitamento.

Depois desse dia, Nora mudou de opinião a respeito de Tina. Ela não era uma capeta. Era um anjo.

CAPÍTULO QUATRO

Guardiões Abnegados

Quando um garoto de 3 anos caiu no recinto dos gorilas, no zoológico de Brookfield, em Chicago, Binti Jua, uma gorila de 67 quilos, embalou-o nos braços e o afagou, para depois colocá-lo próximo a uma porta de onde os funcionários do zoológico puderam resgatá-lo e levá-lo para o hospital. O comportamento de Binti surpreendeu muitas pessoas na época, pois pensavam que nenhum gorila — na verdade, nenhum animal — fosse capaz de tamanha compaixão.

Dez anos antes, no entanto, Jambo, um gorila do Jersey Wildlife Preservation Trust, na Inglaterra, empenhou-se até mais para ser gentil com Levan Merriott, um garoto de 5 anos que estava em situação semelhante. Após escalar o muro que cercava o recinto dos gorilas, o garotinho perdeu o equilíbrio e caiu de uma altura de cerca de 6 metros sobre um escoadouro de concreto. Jambo encontrou-o inconsciente, sangrando pelo nariz e pela boca.

O gorila não deixou que suas três companheiras e respectivos filhotes, que dividiam o recinto com ele, chegassem perto do menino. Quando tentavam, Jambo agitava os braços e os enxotava. O gorila sentou-se junto a Levan, cheirou o corpo dele inteiro e afagou-o com delicadeza. Quando este recuperou os sentidos e começou a chorar, o animal também ficou agitado. Levou sua família de gorilas para um canto do recinto e não deixou que saíssem dali até que um funcionário do zoológico escalasse o muro e carregasse o menino nos braços, para fora do recinto.

Não só os gorilas, mas muitos outros animais domésticos e cativos já demonstraram o mesmo empenho de Jambo para proteger pessoas do ataque de outros animais.

Segundo outra história relatada em *Pet Heroes*, de Paul Simons, Bruno Cipriano estava cortando lenha numa cidade da Itália, enquanto sua dócil vaquinha Carletta pastava por perto. Sem nenhum aviso, um porco selvagem investiu contra ele e derrubou-o no chão. Antes que o porco pudesse concluir o ataque, Carletta abaixou os chifres, revidou o ataque e só parou de dar cabeçadas no bicho quando este desapareceu no mato. Em seguida, ficou de guarda ao lado de Bruno até que a mulher deste trouxesse ajuda.

Mike e Jill Evans não tinham certeza se deveriam comprar Smokey, um cavalo de tom amarelado, para o filho, Justin. Smokey não fora castrado até os 14 anos de idade e o fato de ter sido garanhão por tanto tempo talvez o tivesse deixado agressivo. Também fora um potro especialmente treinado para o jogo de pólo, e corria como o vento, talvez rápido demais para uma criança de 5 anos.

Apesar desses problemas em potencial, Jill quis testar o cavalo. Quando ela e Justin cruzavam um campo a galope, na fazenda em que moravam em Piedmont, Oklahoma, Smokey sem querer assustou um peru selvagem. A ave sacudiu as asas e esvoejou por entre as pernas de Smokey, em direção à cara dele. Embora estivesse numa situação em que a maioria dos cavalos se espantaria, derrubando o cavaleiro, Smokey manteve-se calmo. Continuou a galope, sem mesmo se esquivar da ave.

— Proteger Justin era o que mais importava para ele — contou Jill a Mike.

Aliviados por ter encontrado um cavalo a quem podiam confiar o filho, resolveram comprar Smokey.

Nos dois anos seguintes, Justin e Smokey ganharam vários prêmios em rodeios de todo gênero. O garoto e o cavalo eram inseparáveis. Bastava que Justin o chamasse no pasto e Smokey corria animado na direção dele.

— Smokey é meu melhor amigo — o menino gostava de dizer a todos.

Certa tarde, Justin não cabia em si por estar montando o amigo, enquanto conduziam o gado pela Agnew Street, na cidade de Oklahoma. Junto com alguns poucos tropeiros, ele e os pais conduziam o rebanho para fora do curral, enquanto outros duzentos tropeiros seguiam atrás da manada. A multidão aglomerava-se por trás dos carros estacionados na rua; centenas de pessoas assistiam, batiam palmas e davam gritos de entusiasmo. Smokey, imperturbável, ignorava o barulho e trotava num ritmo cadenciado.

Os bois, no entanto, não aparentavam tanta tranqüilidade. Com todos os tropeiros empurrando a manada e instigando-a a seguir em frente, o gado ficou nervoso. Assim que dobrou a esquina a poucos metros da saída do curral, a boiada estourou. Espremidos contra os carros estacionados, os bois invadiram as calçadas, enquanto a multidão apavorada corria para todos os lados.

Mike, Jill e Justin ouviram o ruidoso tropel dos cascos atrás de si e tentaram a todo custo sair do caminho da manada. Enquanto manobravam os cavalos em direção ao meio-fio, Justin acabou separando-se dos pais. E o que era pior, os carros estacionados impediam que ele e Smokey escapassem para um local seguro. Enquanto a boiada acercava-se estrepitosamente, o menino e o cavalo não viam como sair do caminho.

Justin gritou por ajuda. Os pais, paralisados de terror, não tinham como ajudá-lo. Então, para diminuir o ritmo em que vinha a tropa e dar mais tempo para que Justin escapasse, Jill e outros tropeiros manobraram os cavalos, de modo que ficassem de frente uns para os outros, bloqueando parte da rua. Um bezerro, no entanto, arremeteu-se entre eles, empurrando-os para longe uns dos outros e abrindo espaço para o resto da tropa. Em segundos, um mar de bois engolfou Justin e Smokey. O ar encheu-se de mugidos, bois bufando, cascos calcando o asfalto e corpos sólidos como rocha chocando-se uns contra os outros.

Certa de que estava prestes a ver o filho ser pisoteado até a morte, Jill segurou a respiração. Não havia nada que pudesse fazer para salvá-lo. Para se proteger, Smokey empinaria sobre as patas traseiras e daria coices no gado, como todo cavalo. Justin seria arremessado da sela e os cascos dos bois esmigalhariam seus ossos contra o asfalto.

Mas Jill subestimara Smokey. Quando os bois se chocaram contra ele, empurrando-o na direção dos carros, o cavalo *não* reagiu. Em vez disso, permaneceu calmo, assim como havia feito quando o peru selvagem voara contra seu focinho. Manteve-se firme em sua posição.

Outro bezerro arremeteu contra eles, tentando abrir caminho aos empurrões. O bicho escorregou e caiu, desabando com seu corpo volumoso sobre as ancas de Smokey. Para evitar que a rês o derrubasse, o cavalo ergueu uma perna, deixando que o bicho resvalasse para debaixo dele. Mas em vez de passar por baixo de Smokey, o bezerro pôs-se de pé, empurrando seu corpo contra a barriga do cavalo e erguendo-o até tirar seus cascos do chão. Justin viu-se a tal altura, montado sobre Smokey *e* a rês, que tudo que podia fazer era gritar e agarrar-se à sela para não cair. Mais uma vez, no entanto, Smokey manteve a calma. Sem resistir, ele largou o corpo sobre o do animal, que lutava em vão para recuperar o equilíbrio. O bezerro cambaleou e mais uma vez desabou no chão.

Smokey não desabou com ele. Tranqüilo, levantou a pata traseira, pulou o corpo do bezerro e continuou a avançar. Lentamente abriu caminho entre os bois enlouquecidos e ganhou a calçada. Então parou e esperou até que a manada passasse.

Depois de ser protegido por Smokey numa situação de tamanho perigo, Justin teve mais certeza do que nunca de que o cavalo era de fato seu melhor amigo.

Para proteger as pessoas de que gostam, gatos e cachorros enfrentam animais muito maiores e mais fortes do que eles próprios. Kelli Kinsman, de Dracut, Massachusetts, escreveu à revista *Cat Fancy* sobre Flash, seu gatinho mestiço de siamês, de menos de 4 quilos, que pulou sobre um cachorro imenso que atacava Kelli. Flash enroscou-se no pescoço do cão e arranhou os olhos dele. O cachorro correu para longe, dando-se por vencido.

Grizzly Bear, um pesado são-bernardo de 81 quilos, demonstrou a mesma coragem. Um dia, a senhora David Gratias ouviu um barulho suspeito atrás da sua cabana em Denali, Alasca. Curiosa, saiu com o cachorro para investigar, deixando a porta da frente entreaberta para ouvir, caso sua filhinha Theresa acordasse e chorasse no berço.

Quando descobriu um jovem ursinho cinzento no quintal atrás da casa, um pensamento alarmante lhe ocorreu: a mãe do filhote certamente já tinha se esgueirado pela porta da frente e atacado Theresa! Correndo para o bebê, Gratias contornou a cabana e deu de cara com uma ursa de 2,5 metros de altura. O animal, assustado, pôs-se sobre as patas de trás e rugiu, curvando sobre ela como um gigante num pesadelo.

A ursa tentou golpeá-la com suas patas enormes e Gratias encolheu-se para se proteger. Estava, porém, muito mais desesperada para salvar Theresa. Em vez de correr para se salvar, ela tentou passar pela ursa e alcançar a porta da frente, mas escorregou e caiu aos pés do feroz animal. A ursa ficou sobre as quatro patas, passou as garras afiadas pelo rosto de Gratias e então enterrou-as em seu ombro.

Pronta para morder, a ursa arreganhou os dentes, quando o cachorro de Gratias veio em sua defesa. Aparentemente sem medo de desafiar um animal daquele tamanho, o cão atacou-o, latindo, mordendo e investindo contra a ursa. Enquanto o são-bernardo usava seu corpo como escudo para proteger Gratias, ela desmaiou.

Quando abriu os olhos, o cão passara de protetor selvagem para o papel de zeloso guardião, lambendo delicadamente seu rosto, na tentativa de reanimá-la. Seu primeiro pensamento foi Theresa. Certa de que a ursa havia matado a menina, Gratias forçou-se a ficar de pé e cambaleou em direção à cabana. Felizmente, Theresa ainda dormia, sã e salva.

O são-bernardo lutara com tamanha agilidade que não tinha se ferido. Embora estivesse salpicado de sangue, tratava-se do sangue da ursa e de Gratias, que lentamente se recuperou e ficou boa.

Debbie Inions montou Pat, seu cavalo quarto de milha, no começo da noite, para ver o gado da sua fazenda em Alberta, Canadá. Quando o céu começou a escurecer sobre a fazenda de 350 alqueires, ela tomou um atalho pelo meio do mato. Hustler, seu pastor alemão, saltava na grama ao lado dela.

Enquanto subiam por uma ribanceira, um barulho repentino entre os arbustos assustou Pat. Ele recuou, deu um salto e esbarrou contra uma cerca. Como não tinha como ultrapassá-la, desviou bruscamente, recuando mais uma vez. Debbie perdeu o equilíbrio, desabou no chão e quebrou a perna. O sangue vertia do ferimento, onde um osso quebrado perfurara a pele.

Prostrada no terreno íngreme, tudo à sua volta parecia anuviado e uma dor lancinante traspassava seu corpo. Hustler correu para ela e cheirou-a como se quisesse ajudar. A ajuda dele, porém, não bastaria. Ela precisava de um médico e o mais rápido possível.

Temeu que ninguém a encontrasse antes que se passassem muitas horas. Seus filhos estavam em casa dormindo, e não sentiriam falta dela. O marido, Brian, estava fora semeando cevada e, provavelmente, só voltaria para casa e notaria a falta dela bem depois da meia-noite. E mesmo que ele começasse a procurá-la, poderia encontrá-la só na manhã seguinte. Por que ele haveria de procurá-la no meio do mato, a 400 metros da estrada mais próxima?

Com Hustler ao lado dela, Debbie tentou parar de pensar na dor para poder se concentrar no que fazer. Talvez conseguisse fazer com que Pat voltasse para casa; alguém o veria vagando com a sela vazia e saberia que ela estava em apuros. Mas quando bateu no lombo do cavalo com um galho, ele embrenhou-se ainda mais no mato, num lugar onde nem sequer o veriam.

Abatida, Debbie disse a si mesma que tinha de se levantar e ir sozinha para casa, sem importar quanta dor sentisse. Mas cada vez que tentava se mexer, o atrito entre os ossos partidos causava ondas de dor excruciante. Depois de tentar se levantar três vezes, a agonia era tamanha que ela pensou que ia desmaiar. Exausta, deixou-se cair ao lado de Hustler. O cão aproximou-se mais dela, aquecendo-a com seu corpo peludo.

Hustler já provara ser um cão excepcional, demonstrando uma rara combinação de agressividade e sensibilidade. Pastoreava o gado com o vigor de três rancheiros. Mordiscava as pernas do gado para mantê-lo em marcha e o conduzia para o curral. Mas o cão era também extremamente meigo. O criador de Hustler uma vez lhes contara que o cachorro tinha, certa feita, pego um filhote de passarinho que caíra do ninho. Hustler carregara-o na boca até o criador, parecendo preocupado com o pequeno filhote.

Sabendo da compaixão que ele podia demonstrar, Debbie ficou chocada quando Hustler levantou as orelhas, ficou de pé e disparou colina abaixo. Como ele podia ser tão indiferente ao sofrimento dela? Como ele podia pensar em perseguir cervos quando ela estava tão gravemente ferida? Especialmente quando ela podia entrar em choque a qualquer momento ou sangrar até a morte?

Mas então ele voltou, parou perto dela e mostrou os dentes, rosnando para a escuridão. Ela nunca o tinha visto parecer tão feroz. Espremendo os olhos para enxergar o que o fizera rosnar daquele jeito, Debbie viu dois coiotes a menos de 5 metros. Eles arreganhavam os dentes e rosnavam de volta para Hustler. Aproximando-se furtivamente, as patas dos animais faziam as folhas e o mato rasteiro estalarem.

Debbie encolheu-se de medo, os cabelos da nuca eriçados de pavor. Os coiotes raramente se aproximavam de uma pessoa, a não ser que se sentissem ameaçados. Talvez ela estivesse perto da toca dos animais e os estivesse incomodando. Qualquer que fosse o problema, na opinião dela aqueles dois podiam facilmente atacá-la. Para se proteger, Debbie encostou-se ainda mais em Hustler. Mas ele de repente mostrou os dentes para a escuridão, saltou sobre ela e perseguiu os coiotes até que se embrenhassem novamente no mato.

Debbie ouviu um barulho de briga, latidos, mordidas ferozes e ganidos de dor. A escuridão e o denso arvoredo a impediam de ver quem estava ganhando a briga. Ela ficou ali, desfalecida e nauseada, sem saber quem emergiria por entre os arbustos, Hustler ou os coiotes.

Quando o pastor alemão finalmente voltou, Debbie ficou imensamente grata. Mais uma vez, o cachorro passou da agressividade feroz para a mais pura docilidade. Deitou-se ao lado da dona, aparentemente tentando aquecê-la, e lambeu gentilmente a perna dela, para limpar o sangue.

Durante a noite toda, os coiotes voltaram a cada poucos minutos, fazendo um círculo em torno dela. Ela continuava a gritar para espantá-los e Hustler a persegui-los, enxotando-os de volta para o mato. A cada encontro, Debbie ouvia rosnados e mordidas. Paralisada de medo, ela esperava para ver se Hustler sairia vencedor. E toda vez ele voltava. No entanto, o cão estava em desvantagem; eram dois contra um, e ela não tinha certeza de quanto tempo ele ainda resistiria, independentemente de quanto quisesse protegê-la.

Os coiotes uivavam e começou a chover. O vento ficava cada vez mais forte. Debbie começou a tremer tanto de frio e de choque, que sua perna doía ainda mais. A dor era tamanha que ela temia perder os sentidos.

— Agüente firme, Deb — repetia para si mesma.

Ela tinha de ficar consciente para poder se defender. E Hustler também tinha de se manter alerta. Ela agarrava-se a ele, pedindo a Deus para que o cão não relaxasse sua vigília. Hustler pressionava o corpo contra o dela, como se quisesse assegurá-la de que ele estava ali.

Lá pela uma e meia da manhã, Brian voltou dos campos de cevada e encontrou todas as janelas abertas. Isso o deixou preocupado. Debbie sempre fechava as janelas à noite. Quando viu que o cavalo e as botas de montaria da mulher não estavam, sua preocupação virou angústia. Correu para o quarto da filha e sacudiu-a até fazê-la acordar.

— Onde está sua mãe?

— Foi olhar as vacas.

Brian disse a si mesmo para não se preocupar; ele a encontraria. No entanto, seu corpo estava tenso quando correu para o carro e começou a vasculhar a fazenda em busca de Debbie. Ali pelas 4 da manhã, Brian avistou Hustler à luz dos faróis do carro. O pastor alemão perseguia dois coiotes numa clareira. Debbie tinha de estar por perto.

Brian desligou o motor e correu atrás de Hustler.

— Debbie? Debbie! — chamou, tentando se fazer ouvir em meio ao assobio do vento.

Ela o ouviu, mas estava tão fraca e rouca que mal conseguia sussurrar. Esforçando-se para ouvir, Brian finalmente escutou a resposta. Então Hustler apareceu e levou-o até ela.

— Graças a Deus você me encontrou! — gemeu ela.

A dor que ela sentia era tão forte que Brian não ousou movê-la. Ele teria de buscar ajuda. Quando ele desapareceu a toda velocidade, Debbie olhou em volta, com medo outra vez. Onde estaria Hustler? O cachorro se fora. Talvez tivesse seguido o carro de Brian e a deixado sozinha.

Mas ela nunca deveria duvidar da sua devoção por ela. Quando os coiotes voltaram a uivar por entre os arbustos, Hustler voltou e ficou de tocaia ao lado dela.

Brian deixou uma luz piscante na estrada para que os paramédicos pudessem encontrá-los e correu para Debbie, levando cobertores. Um pouco antes de amanhecer, a ambulância chegou. Os paramédicos colocaram Debbie numa maca e levaram-na para a ambulância. Os coiotes observavam, ofegantes, a menos de 15 metros.

Debbie ficou internada pelas duas semanas seguintes. Hustler esperou por ela em casa, recusando-se a tocar na comida. Sempre que Brian voltava para casa depois de visitá-la no hospital, o cachorro corria para a caminhonete e inspecionava o interior do veículo. Cada vez que percebia que Debbie não estava ali, seus olhos ficavam tristes e intrigados.

Debbie finalmente voltou para casa. Ela abriu a porta da caminhonete e, antes que pudesse saltar, Hustler, eufórico, colocou as patas dianteiras no degrau do veículo. Ele parecia sentir como ela estava frágil, e em vez de pular sobre ela para pedir carinho, cheirou-a com cuidado, desde a ponta do dedão até os quadris.

Depois de sofrer quatro cirurgias no ano seguinte, Debbie passou gradativamente da cadeira de rodas para um andador, deste para uma muleta e finalmente para uma bengala. Independentemente do método que ela usasse para andar daqui e dali, Hustler, sempre de guarda, a seguia por toda parte. Quando Debbie ficou boa o suficiente para montar Pat novamente e olhar o gado, Hustler continuou a protegê-la por onde quer que fosse, uma silhueta graciosa cruzando os campos à luz da lua.

Num final de tarde melancólico de janeiro, Chester Jenkins saiu para quebrar o gelo que se formara num cocho de água, em sua fazenda de 6 alqueires em Springfield, Missouri. Ele era um homem forte e robusto, acostumado ao mau tempo e ao trabalho duro. No entanto, fazia quatro meses apenas que ele havia passado por uma cirurgia cardíaca, para a colocação de um marcapasso. Embora se sentisse bem, ainda estava um pouco vulnerável.

Enquanto seguia em direção ao curral, Bailey, seu cão chocolate, mestiço de retriever do labrador e de chesapeake bay, caminhava a passos rápidos atrás dele. O cachorro, resgatado ainda filhote de uma sociedade protetora de animais, tinha sido um presente de Natal para o filho. Quando o garoto deixara a casa dos pais para fazer faculdade, Bailey transferira sua lealdade para Chester.

O cachorro o seguia de manhã até a noite e sempre tentava ajudá-lo nos afazeres domésticos ou em qualquer outra coisa que o dono estivesse fazendo. Se este afagasse uma égua, Bailey ficava sobre as patas traseiras e lambia o animal, para também expressar sua afeição. Quando Chester conduzia o gado, Bailey ficava tão eufórico para pastorear o rebanho que Chester tinha de prendê-lo até que a tarefa estivesse concluída.

Enquanto Chester quebrava o gelo que se acumulara no cocho e o enchia novamente com água, Bailey sentou-se do lado de fora do curral, esperando para escoltá-lo de volta para casa. Chester despejou a ração do gado em outro cocho e abriu a porteira para deixar sair as vacas e o touro azul belga, pesando quase 1 tonelada, que adquirira recentemente.

As vacas eram dóceis, mas o touro nem tanto. Uma montanha de músculos e força monumental, o animal havia sido ferido anos antes e ainda parecia ressentido com isso. Ou pelo menos era essa a explicação de Chester para o comportamento do touro, sempre pronto para uma briga. Quando as pessoas se aproximavam, ele revolvia o chão com os cascos, bufava e urrava com tanta veemência que o chão quase tremia. Parecia carregar um ressentimento terrível e tinha o pior temperamento que Chester já vira num touro.

Quando o gado começou a comer, Chester pegou os baldes e virou-se para a porteira. Foi então que sentiu algo batendo em seus quadris e soube que estava em perigo. O belga azul achava-se atrás dele. Chester tentou fugir, mas o touro foi mais rápido. Baixou os chifres, avançou para cima do fazendeiro e arremessou-o no ar a mais de 5 metros de distância.

Chester aterrissou em cima de um tanque metálico, batendo o ombro com tamanha violência que o metal entortou. Ele rolou para o lado, caindo bem no caminho do touro enfurecido. Enquanto Chester jazia na lama, praticamente embaixo dos chifres do touro, o animal agigantou-se sobre ele. Indefeso e crispado de dor, Chester encolheu o corpo para se proteger.

O touro berrou e investiu mais uma vez. Várias e várias vezes, arranhou as costas de Chester com os chifres. Então pareceu mudar de idéia e adotou outra estratégia de ataque. Tomou distância e preparou-se para atacar.

Com a mente dando voltas, Chester pensava desesperadamente num meio de escapar. Mas não via como. Se o touro o jogasse mais uma vez para o alto, a incisão feita para a introdução do marcapasso certamente se abriria e o animal o golpearia até reduzi-lo a uma pasta sangrenta.

Embora certo de que ia morrer, ele não cansava de perguntar a si mesmo: "O que posso fazer? O que posso fazer?" A resposta aterrorizante era: "Nada".

Foi então que ele viu uma faixa do pêlo acastanhado de Bailey. Rosnando, o cachorro rastejou por baixo da cerca e avançou para morder. Pulou por cima de Chester e investiu contra o touro. Enterrou os dentes na cara do animal, recusando-se a soltar os maxilares por mais que o touro o sacudisse. O animal atirou a cabeça para trás, jogando Bailey no chão. Mais uma vez o cão saltou sobre o touro, agarrou-se ao focinho do bicho, teimando em não soltá-lo. O touro sacudiu a cabeça com tamanho ímpeto que atirou Bailey do outro lado do curral. Latindo e rosnando, o cão avançou novamente, até o que touro bateu em retirada — e Chester pôde rolar por baixo da cerca e sair do curral em segurança.

Bailey correu para Chester e cheirou-o como se tentasse avaliar a gravidade dos ferimentos. Chester não se sentia capaz nem mesmo de ficar de pé — o ombro, as costelas, os quadris, tudo latejava de forma quase insuportável. Mas a noite estava chegando; a temperatura logo cairia abaixo de zero. Ele não poderia ficar ali chapinhando no gelo e na lama, até morrer congelado.

Chester tentou pôr os pensamentos em ordem e pensar no que fazer.

— Vá chamar a mamãe — ordenou num gemido.

Bailey disparou para casa.

Reunindo as poucas forças que lhe restavam, Chester conseguiu se sentar e então ficar de pé. Mas mal conseguia respirar e seu corpo doía tanto que não ousava dar sequer um passo.

— Não há nada errado com as suas pernas — lembrou a si mesmo, cambaleando em direção às janelas iluminadas do rancho. — Você pode muito bem ir para casa.

Ao chegar, encontrou Bailey ganindo e raspando a porta da frente, tentando chamar a atenção de Iris Ann, sua mulher. Embora Bailey soubesse que não estava autorizado a entrar dentro da casa, ele parecia entender que os ferimentos do dono lhe permitiriam abrir uma exceção. Quando Chester abriu a porta, o cão ajudou-o a se equilibrar e a entrar tropegamente na cozinha. Assim que Iris Ann pôs os olhos no marido, correu para segurá-lo antes que ele perdesse os sentidos.

— Preciso de um médico — sussurrou Chester, mal conseguindo falar.

Iris Ann chamou a ambulância enquanto Chester — com medo de se deitar no sofá e não sair mais de lá — desabava num banquinho. Bailey pressionou o corpo contra a perna do dono e recusou-se a sair dali até que o chefe dos bombeiros chegou e Iris Ann mandou que o cão saísse.

Mesmo assim, o animal parecia pressentir que o resgate não fora concluído. Plantou-se diante da casa e colou os olhos na estrada, à espera da ambulância. Quando os paramédicos finalmente chegaram, Bailey pôs-se a latir e a correr em círculos, como que incitando-os a andar mais depressa. Então levou-os para dentro da cozinha com tal rapidez como se pudesse fazê-los correr.

Chester passou onze dias no hospital. Todas as costelas de um dos lados do corpo tinham sido esmagadas, uma escápula também sofrera fratura, um dos pulmões fora perfurado e a bacia estava gravemente lesada. A sutura da operação cardíaca, no entanto, felizmente estava intacta. Conforme os médicos, aliás, caso não tivessem colocado o marcapasso antes do ataque do touro, o choque poderia tê-lo matado.

Quando voltou para casa, Chester agradeceu a seu cão. Embora normalmente fosse um homem rude e pouco dado a sentimentalismos, recompensou Bailey com um banquete de presunto e biscoitos e cogitou com a família de comprar para ele uma casinha de cachorro especial, equipada com um aquecedor. A seu ver, Bailey demonstrara um heroísmo à altura de Lassie.

Mas Bailey nem pareceu notar todo alvoroço em torno dele. Tudo que parecia importar era o fato de Chester estar em casa, são e salvo. O cão estava feliz por poder voltar à sua rotina normal: esperar por Chester lá fora na neve. E quando este aparecia, Bailey continuava a acompanhá-lo tal qual uma sombra e a ajudá-lo nas tarefas do dia-a-dia.

CAPÍTULO CINCO

Companheiros Zelosos

Os animais parecem saber quando alguém precisa de consolo e aconchego. De fato, um conselheiro familiar e conjugal uma vez me contou que sempre observava onde os cães de seus clientes se sentavam durante a terapia; a seu ver, os animais pareciam preferir sentar-se perto do membro da família que mais precisava de ajuda.

Em *Guideposts*, Penny Silvius Gillett, também conselheira, comenta sobre sua golden retriever, Francine, que era tão sensível aos sentimentos dos clientes que se tornou ela própria uma terapeuta. Uma vez Francine levantara-se do lugar em que costumava dormir, sob a escrivaninha de Penny, e cruzara a sala para ir se deitar aos pés de um homem tão tímido e reservado que mal conseguia falar. A mera presença da cadela foi o bastante para descontraí-lo e fazer com que as palavras começassem a fluir espontaneamente, o que foi de extrema ajuda para o processo terapêutico. Numa outra ocasião, Francine, pedindo carinho, colocou as patas sobre o colo de uma cliente que se mostrava arredia e cheia de amargura. O semblante da moça desanuviou-se ao sorrir para o cão — cuja compaixão, aos olhos de Penny, tornou-se um ponto decisivo na terapia, assim como na vida dessa cliente.

Francine parecia saber com exatidão quem precisava do seu conforto e a melhor forma de oferecê-lo. Quando os clientes estavam ansiosos, zangados ou sentindo-se solitários, ela descansava o focinho no colo deles e os fitava com seus olhos castanhos cheios de compreensão. Sentir o sofrimento de uma pessoa era o que a levava a querer ajudar, de todo coração.

Outros animais mostraram o mesmo empenho para expressar compaixão por pessoas que passavam por crises emocionais.

— Nós *não* vamos ter um cachorro — afirmou categoricamente Kermit Essex à esposa, Cheryl.

Mas ela se recusou a ouvir. Quando um anúncio sobre filhotes de vira-latas saiu no jornal da cidade, em Garden City, Carolina do Sul, Cheryl insistiu para que ele pelo menos fosse com ela dar uma *olhada* nos cachorrinhos.

Cinco roliços filhotes saltitavam pela sala. Encantada, Cheryl agachou-se para brincar com eles.

— Não vamos levar *nenhum* deles — lembrou o marido.

A menorzinha da ninhada, uma cadelinha prateada e magricela, mistura de schnauzer e terrier, juntou-se timidamente aos irmãos. Kermit pegou-a no colo e ela lhe lambeu o rosto.

— Vamos levar este — disse ele de repente. — Agora vamos indo. Já.

Kermit e Cheryl puseram na cadelinha o nome de Rosie O'Grady, por causa de um bar em Nova York. Rosie cresceu e tornou-se uma respeitável cadela de 11 quilos; nada mal para quem era o filhote mais mirrado da ninhada. Ela também passou a demonstrar uma lealdade cega a Kermit, justamente quem não queria saber de ter cachorro. À noite, Rosie aconchegava-se sob o braço dele, num dos lados da cama, e Cheryl dormia espremida no pequeno espaço que lhe restava.

Isso só mudava quando Kermit viajava a trabalho para outra cidade. Nessas ocasiões, sempre dizia a Rosie, antes de cada viagem:

— Cuide bem da Mamãe.

Era o que ela fazia.

Mas quando Kermit estava fora, não havia meios de fazê-la dormir na cama, por mais que Cheryl tentasse persuadi-la com agrados. A cadela preferia dormir sozinha no sofá da varanda e lamentar a falta que Kermit lhe fazia.

Numa dessas viagens de Kermit, a melancolia de Rosie passou inexplicavelmente para um repentino ataque de agressividade. Ela uivava, latia e tentava morder Cheryl, que ficou absolutamente aturdida diante da agressão.

Uma hora depois, um telefonema explicou o comportamento estranho de Rosie. Kermit morrera num desastre de avião.

Cheryl teve certeza de que Rosie já "sabia".

Arrasada, Cheryl foi para a cama aquela noite e caiu em prantos. Rosie, que nunca ficava na cama com ela quando Kermit viajava, pareceu perceber que Cheryl precisava de ajuda. A cadelinha deixou sua colcha de tricô sobre o sofá da varanda, atravessou a casa a passos rápidos e deitou-se enrodilhada na cama, perto de Cheryl. Desde a morte de Kermit, a pequena vira-lata dorme ao lado dela, para protegê-la e confortá-la.

Muito mais do que Kermit poderia prever, Rosie continua a "cuidar bem da Mamãe".

O vira-lata tinha uma infinidade de raças em seu código genético: pastor alemão, galgo, golden retriever e labrador. Abandonado em frente a uma delegacia de polícia na cidade de Nova York, ele foi adotado por uma senhora em cujo prédio não eram permitidos animais. Para salvá-lo da carrocinha, ela o transferiu por algumas noites para o apartamento de amigos, passando-o pelo que costumavam chamar de "metrô de cachorro".

Uma das estações do "metrô" era o apartamento de Shirley Guy, uma atriz e dramaturga que sofria de depressão. Incapaz de trabalhar, ela passava os dias sentada no sofá, remoendo e lamentando a morte da mãe, da melhor amiga e do seu cachorro.

— Arranje outro cachorro — implorava o terapeuta de Shirley.

— Mas não quero outro cachorro — ela insistia em dizer, mesmo depois de cair de amores pelo tal vira-lata, no dia em que ele desceu na "estação de metrô" que correspondia ao apartamento dela.

Duas noites depois, ela bancou a durona e resolveu mandá-lo embora. No entanto, quando o vira-lata estava prestes a conseguir um novo lar como cão de guarda de uma loja de bebidas do Bronx, algo a fez mudar de idéia.

— Ele é muito manso para ser cão de guarda — refletiu. — Vou trazê-lo de volta. Ficarei com ele. Ele é meu.

Shirley deu a ele o nome de Dylan, por causa do poeta Dylan Thomas, e levou-o de volta para o apartamento dela, onde também cuidava, durante a noite, de Frisky, o cocker spaniel de uma amiga. Quando Shirley deu a Dylan um biscoito para cachorro, Frisky roubou dele a guloseima. Mas, choramingando, o cocker percebeu que era grande demais para que pudesse mastigá-lo. Então Dylan afavelmente tomou o biscoito de volta, partiu-o em dois, esmigalhou uma metade e deixou os pedacinhos para Frisky, amontoados numa pequena pilha. Surpresa diante de tamanha generosidade, Shirley não teve mais dúvida de que fizera bem em ficar com ele.

Dylan era gentil e atencioso. Com o tempo, ele pareceu estar disposto a animar Shirley e a tirá-la da depressão. Quando queria comer mais no jantar, carregava na boca a tigela vazia para a sala; as palhaçadas que fazia a levaram a dar risada pela primeira vez em anos. Em seus passeios pelo parque, ele deslizava de barriga pelos bancos com a graça de Rudolf Nureyev, então parava e olhava para trás para ver a reação dela.

Shirley podia sentir que Dylan *queria* vê-la feliz. Nos dias mais sombrios, em que ela não tinha nenhuma vontade de rir, ela forçava-se a sorrir só *por causa* dele. Queria mostrar ao cão que ele conseguira animá-la, quando era tão óbvio que era exatamente isso que ele queria fazer. Alguns meses depois, Shirley percebeu que não precisava mais se esforçar para sorrir; seu riso era espontâneo.

Logo ela estava dando boas risadas com todos os novos amigos que fizera durante as caminhadas com Dylan no parque.

Se Shirley estivesse ansiosa durante esses passeios, Dylan compreendia e encostava-se nas pernas dela para acalmá-la. Ou então a fitava com seus olhos expressivos que a faziam se sentir segura e amada.

— Este cachorro irradia amor — disse-lhe uma vez alguém que ela encontrou na rua.

Amparada por esse amor, Shirley entrou num curso de computação e começou a escrever novamente. Dois anos depois que o vira-lata passou a morar com ela, uma das peças que escreveu foi produzida por La Mama Experimental Theater Club, em Nova York. Depois que a peça saiu de cartaz, Shirley começou a escrever um livro e viajou com Dylan para fazer conferências acerca da sua experiência como escritora.

— Quando ele está comigo, sinto que posso fazer tudo o que quiser — ela contou aos amigos. — Não importa o que eu tente fazer, acaba dando certo.

Com Dylan, Shirley nunca mais teve depressão nem ficou se lastimando pelos cantos.

Medusa, a cadelinha do veterinário Mark Esser, tinha um nome que evocava imagens de serpentes no lugar de cabelos. Além disso, ela era uma doberman, raça que costuma meter medo nas pessoas. Quando vinham visitar Mark, em sua casa em Sewell, New Jersey, as pessoas geralmente ficavam assustadas quando ela começava a latir, e estancavam de repente, temendo que a cadela fosse pular pela janela e atacá-las.

Quando um novo vizinho mudou-se para a casa em frente à de Mark, Medusa correu para dar as boas-vindas, abanando o pequeno rabo amistosamente e esperando uma recepção igualmente calorosa da parte dele.

— Ela está me olhando torto! — exclamou o vizinho. — Vai me morder?

Ela estava só esperando que ele brincasse com ela, assim como brincava com as crianças da vizinhança, explicou Mark ao homem. Toda vez que Medusa via qualquer uma das crianças, cheirava-a e dava-lhe pancadinhas com o focinho.

Tudo o que ela queria era que as pessoas lhe fizessem um carinho e brincassem com ela.

Medusa era tão carinhosa que Mark mandava-a, no papel de terapeuta itinerante, confortar pessoas que passavam por problemas.

Uma delas era uma cliente muito deprimida, que ainda chorava o tempo todo a morte do cachorro, que morrera de câncer nos ossos. Ela ainda carregava todos os dias a coleira vazia do cão até sua caixa postal, para que ele a "acompanhasse" como fizera durante anos antes de morrer. Recusava-se a ter outro cão que pudesse aliviar sua tristeza. Um dia ele morreria também, ela dizia a Mark. E ela não conseguiria suportar um sofrimento tão grande duas vezes.

Precisava de um terapeuta especializado para confortá-la nesse momento de pesar, mas ela não tinha ânimo para procurar um, e Mark, que não era nenhum psicólogo, não se sentia qualificado para lhe oferecer ajuda. Entretanto, a seus olhos, Medusa podia ajudá-la. A sensibilidade da cachorra, que era aparentemente inata, surtiria um grande poder terapêutico.

— Você gostaria que Medusa a visitasse? — perguntou o veterinário à mulher.

— Tudo bem — concordou ela, um pouco hesitante.

Medusa invadiu a casa da mulher aos pulos, como se fosse ela mesma a dona da casa. Em seguida colou o corpo ao da pobre senhora, que enterrou o rosto em seu pêlo, enquanto as lágrimas lhe rolavam pela face. A cadela, supondo que estava ali para lhe trazer conforto, ficou de pé junto a ela, quieta e em silêncio, esperando que expressasse toda a sua dor. Então Medusa cutucou com o focinho a mão dela, pedindo carinho.

Medusa visitou-a regularmente por vários meses. E sua terapia canina surtiu efeito.

— Medusa fez com que eu superasse os momentos mais difíceis — disse a cliente a Mark.

O uso do verbo no pretérito mostrava que o pior já havia passado.

Medusa também passou uma temporada com um homem que estava morrendo de câncer no pulmão, durante seu último mês de vida. Ela se sentava ao lado dele e só saía dali na hora das refeições e durante alguns breves intervalos do lado de fora da casa. Quando ele ficou fraco demais para se levantar da poltrona, Medusa descansou a cabeça em seu colo *por horas*. E mesmo quando ele teve de ir para o hospital, Medusa ficou para amenizar a dor de sua mulher. Sempre que ela voltava para casa, depois de visitar o marido no hospital, Medusa estava esperando por ela, confortando-a com suas demonstrações de afeto.

Onde quer que precisassem de conforto, lá ia a "feroz" doberman Medusa.

Os gatos podem ter uma sensibilidade incrível para perceber quando alguém passa por uma crise emocional. Do jeito deles, podem acalmar a pessoa, demonstrando tanta compaixão quanto os cães.

Sambal, uma siamesa da cidade de Nova York, tinha esse nome graças a uma pimenta da Indonésia. Ela parecia ter um grande talento para acabar com as discussões entre Janice Hopkins Tanne e o marido. Quando as brigas ficavam mesmo feias, Sambal, com um ar chateado, sentava entre os dois, miava e os forçava a prestar atenção nela, até que os ânimos arrefecessem.

Cartas à revista *Cat Fancy* referem-se a outros gatos que confortavam pessoas em momentos de dificuldade e tristeza.

- Felipe, um gato siamês, pulou no colo de uma moça que chorava porque o marido teria de fazer uma cirurgia na coluna. O gato fitou-a com um olhar que parecia cheio de preocupação. Lambeu seu rosto e passou a pata nele, como se quisesse acariciá-lo. A compaixão do animal contribuiu para diminuir sua preocupação e seu medo.
- Peaches ajudou sua dona, que tinha pesadelos freqüentes. A gata levantava-se do lugar onde costumava dormir, nos pés da cama, e ia até o travesseiro dela para dar pequenas patadas em seu rosto. Então Peaches ronronava até que a mulher abrisse os olhos, um sinal para a gata de que o sonho ruim se fora. Depois disso, ela voltava para os pés da cama.
- Porkchop, um vistoso gato rajado, perambulava por uma faculdade de direito, aparentemente esperando para confortar os estudantes mais angustiados. Um deles era uma moça que estava ansiosa com os exames da ordem dos advogados, que prestaria dali a alguns dias. Enquanto ela preparava a mala para ir ao hotel onde ficaria durante os exames, Porkchop seguiu-a do dormitório até o carro. Parecia querer falar com ela. Embora estivesse ansiosa para chegar ao hotel e estudar, ela se sentou na grama com ele, afagou-o e contou-lhe sobre a solidão e o medo que sentia. A atenção com que Porkchop a ouviu deu-lhe a impressão de que ele entendera o sofrimento dela. E dias depois ela passou nos exames.

Antes de se casar, tanto Georgene quanto Jim Lockwood, de Prescott, Arizona, achavam que seus gatos eram ótimos companheiros nos momentos difíceis.

- O animalzinho de Georgene era Duffy, um gato tigrado amarelo que o veterinário apelidara de "O Terror". A clínica inteira tinha de ajudar a segurá-lo para que o veterinário conseguisse examiná-lo — mas, com Georgene, ele era a mais adorável das criaturas.

Quando ela ficou grávida, Duffy sentava-se ao lado dela e dava-lhe apoio moral — não só durante os enjôos da manhã, mas, conforme ela contava, durante os enjôos "da manhã, da tarde e da noite". Anêmica, sofrendo de hipoglicemia e abatida emocionalmente, Georgene vomitava o tempo todo. Duffy, com sua lealdade a toda prova, permanecia ao lado dela no banheiro, dando-lhe todo seu apoio.

Quando ela ficava na cama o dia inteiro, fraca e dasanimada, ele se aconchegava sob o queixo dela e não saía dali por nada deste mundo. Ao longo dos nove meses de agonia, ele lhe deu seu apoio, até que ela finalmente começou a contar os minutos entre as contrações. O gato pareceu perceber que as dores eram diferentes do desconforto que ela sentia antes. Com uma sensibilidade tocante, ele se acomodou na cama dela, mantendo-se, porém, a certa distância.

Depois que Georgene partiu para o hospital, Duffy continuou montando guarda no peitoril da janela da cozinha. Manteve a vigilância por dias, recusando-se a comer, até que ela voltou para casa com o bebê nos braços.

• Watney, a gata rajada de Jim, que já completara 16 anos de idade, também ganhou apelidos tão destoantes quanto o de Duffy, "O Terror". As pessoas a chamavam de anti-social, teimosa, irascível, rabugenta. E de antipática. Quando Jim trouxe para casa um novo filhote, Watney mostrou sua indignação urinando nos queimadores do fogão.

Watney era a gata mais arredia deste planeta, até que a primeira mulher de Jim, Ruth, teve câncer nos intestinos. Depois da cirurgia, os médicos informaram que já não podiam fazer mais nada por ela. Ruth saiu do hospital para morrer em casa. Watney percebeu imediatamente que Ruth precisava do seu apoio. A gata subia em seu colo, empoleirava-se em seu pescoço e enroscava-se contra a cabeça dela. Sempre que Ruth ficava triste ou desanimada, Watney miava e ronronava na orelha da mulher enferma para aquietar seu coração.

Semanas depois, quando Ruth jazia inconsciente na cama, Watney continuou sua vigília sobre o travesseiro dela. Embora ficasse apática diante de Jim ou das pessoas que a visitavam, Ruth sorria e levantava a mão para afagar a gata, que chiava baixinho em retribuição. Toda vez que Ruth se mexia ou ficava agitada, Watney ronronava em sua orelha e ela se acalmava.

Embora a gata não estivesse presente quando Ruth finalmente morreu, ela parecia ter adivinhado que a dona partira. Por dias, recusou-se a subir ao quarto de Ruth. Sua tarefa de confortá-la e lhe fazer companhia até uma morte tranqüila tinha chegado ao fim. Depois de algumas semanas, Watney já havia reassumido seu papel de gata intratável e rabugenta.

CAPÍTULO SEIS

Muito Mais que Coragem Dentro da Água

Annette McDonald adotou Norman, um filhote de retriever do labrador amarelo, exatamente um dia antes de marcarem sua eutanásia, num abrigo para animais em Seaside, Oregon. O filhote parecia saudável, mas quando fez 9 meses, começou a calcular mal as distâncias e trombar com portas e móveis. Um veterinário diagnosticou um distúrbio genético incurável que provocava a deteriorização da retina. Norman ficaria cego pelo resto da vida.

Os amigos de Annette viam o cãozinho tropeçar nas mesas e cadeiras e imploravam:

— Sacrifique este cachorro, ele não serve para nada.

Mas ela retorquia indignada:

— Não vou fazer isso nunca. Norman faz parte da família.

O cachorro mostrava bravura. Enquanto alguns cães cegos costumam ficar medrosos e deprimidos a ponto de se recusar a dar até mesmo um passo sozinhos, Norman parecia aceitar sua sina e continuava sua vidinha de sempre na casa e no quintal que já conhecia tão bem. Ele até gostava de ir à praia, onde o vento agitava seu pêlo e ele podia sentir o aroma do sal e dos peixes na maresia. Também conseguia catar gravetos que lhe atiravam, usando outros sentidos que não a visão. Quando Annette jogava um graveto para ele ir buscar, Norman orientava-se pelo cheiro da madeira e pelo baque do graveto sobre a areia.

Numa tarde, o labrador saboreava o aroma do mar, deitado na areia. A distância, a adolescente Lisa Nibley nadava com o irmão. Embora fosse ótima nadadora, a forte corrente puxava-a cada vez mais para o fundo. Ela tentava voltar para a praia, mas não conseguia nadar contra a maré.

Quando começou a gritar por ajuda, as pessoas na praia pensaram que ela estivesse brincando com o irmão. Mas Norman notou um tom de desespero na voz de Lisa. Ele ergueu a cabeça, ouviu os gritos da menina e percebeu que ela

estava em apuros. Num pulo, o cão se levantou e correu em direção aos gritos de Lisa. Quando a água fria chegou na altura do seu pescoço, ele começou a nadar na direção dela.

Annette assistia a tudo da praia, sem poder acreditar no que via. Ela não sabia que Norman conseguia nadar. No entanto, usando a voz de Lisa como referência, ele nadou cada vez mais para longe. Sem poder ver para onde estava indo, o cão concentrou-se apenas na tarefa de chegar onde Lisa estava. Piscava os olhos em contato com as ondas salgadas e lutava para manter a cabeça acima da superfície. Quando finalmente alcançou Lisa, ela agarrou seu pêlo e ele a manteve à flor da água. Usando todas as forças que lhes restavam, os dois tentavam desesperadamente nadar por entre as ondas que os açoitavam.

Norman parecia não saber o que fazer em seguida. Enquanto nadava em círculos com Lisa agarrada a ele, Annette teve a impressão de que Norman tentava imaginar para que lado devia nadar para chegar à praia. Para ajudá-lo a achar o caminho de volta, ela gritou:

— Norman! Norman!

Orientando-se pela voz de Annette, ele lentamente rebocou Lisa em direção à praia. Mas num certo ponto durante o trajeto, os dedos de Lisa escorregaram por entre os pêlos do cão. Enquanto a menina batia os braços e esforçava-se para manter a cabeça fora da água, Norman farejava o ar para tentar localizá-la pelo cheiro. Mas isso era impossível. Os aromas do mar encobriam qualquer traço de Lisa.

Novamente Norman nadou em círculos. Annette sabia que ele não conseguiria localizar Lisa porque não podia vê-la.

— Ele é cego! Você tem de chamá-lo pelo nome! — ela gritou para Lisa. — O nome dele é Norman!

— Norman! — Lisa chamou. — Norman!

O cão nadou na direção dela o mais rápido que pôde e, no limite das suas forças, levou-a para a praia.

Priscilla, uma leitoa de 3 meses, vivia na casa de Victoria Herberta em Houston, Texas. O bichinho usava uma coleira púrpura e arreios que combinavam com os três tons de tinta púrpura da fachada da casa de Victoria. Priscilla ficava o dia todo deitada no quintal, esbaldando-se ao sol e ouvindo o tilintar das latas de refrigerante, penduradas em cordões para decorar a varanda.

Victoria costumava passear pela vizinhança levando a porquinha pela coleira púrpura. E quando não estava passeando, Priscilla fossava a terra do chiqueiro, feito só para ela e dotado de um lameiro privativo, e jantava suco de caixinha, sanduíches de atum e picles. De vez em quando, ela ia de carro até o rio Brazos, onde Victoria queria ensiná-la, junto com os cães da família, a nadar. Nas primeiras cinco vezes, Priscilla guinchou em protesto quando Victoria colocou-a na água. Mas, na sexta vez, Victoria soltou-a no rio e Priscilla nadou de um lado para o outro, batendo as perninhas roliças com ar satisfeito.

Numa tarde quente, logo depois dessa bem-sucedida aula de natação, Carol Burk, uma amiga de Victoria, levou Priscilla para nadar no lago Somerville, em Houston, junto com o filho de 11 anos, Anthony, que tinha problemas mentais.

— Fique perto da margem — avisou a mãe a Anthony. — Volto num minuto.

Enquanto a mãe levava Priscilla para o fundo, para dar um último mergulho rápido, o menino ficou brincando no raso. A coleira púrpura de Priscilla brilhava atrás de Carol, enquanto nadava em águas profundas.

Anthony observava a mãe e a porca a distância. Como não gostasse de ficar sozinho, foi entrando cada vez mais no lago até que a água lhe cobriu a cabeça e ele desapareceu de vista. Quando, sem fôlego, conseguiu subir à superfície, gritou e agitou os braços para depois afundar novamente. Mas a mãe do garoto viu que estava muito longe para poder ajudá-lo.

Priscilla, no entanto, que estava mais próxima, nadou em direção ao menino.

— Agarre na coleira dela! — gritou Carol alarmada.

Quando Anthony conseguiu finalmente alcançar a coleira do animal, ele e a porca afundaram juntos. Ela teve certeza de que iriam se afogar. Mas, segundos depois, as orelhas e o focinho de Priscilla apareceram à flor da água e Carol viu o filho agarrado a ela.

Priscilla então usou todas as suas forças para rebocar o garoto até a margem. Mesmo pesando apenas 20 quilos, a porquinha conseguiu arrastar o menino, de quase 40 quilos, por quase 50 metros.

Quando Carol contou como Priscilla salvara seu filho da morte, Victoria não ficou surpresa. Sua leitoa sempre atendera aos apelos das pessoas, disse ela. Priscilla sempre mostrara ter compaixão, e ela correria — ou nadaria — para ajudar qualquer um que estivesse em apuros.

Histórias de animais que salvam pessoas prestes a se afogar são um dos exemplos mais comuns da compaixão dessas criaturas. Mesmo nos casos em que o animal não goste — ou tenha pavor — de água, ele em geral ignora o medo e mergulha para ajudar quem dele precise.

Os animais costumam demonstrar muita habilidade ao salvar pessoas. Um cachorro nadou para fora de um bueiro alagado, com um garotinho nas costas. Um outro deixou que uma adolescente agarrasse em sua coleira e então arrancou-a da areia movediça, levando-a para um banco de areia. Um outro ainda agarrou com os dentes o cabelo de uma mulher e tirou-a de debaixo de uma balsa que virara. Depois, quando ela segurou em seu rabo, ele a rebocou até a margem através da corrente turbulenta de um rio encachoeirado.

Poudre sentou-se num barranco isolado, a alguns metros de uma represa do rio Cache La Poudre, no Colorado. A golden retriever abriu um olho e observou preguiçosamente Dale Windsor arremessar na água uma isca artificial, uma imitação de minhoca verde e pegajosa. Se dependesse da vontade dela, já teria pulado no rio há muito tempo e estaria nadando de um lado para o outro. Mas Dale a proibira de pular na água. Os peixes estavam desovando nos bancos de areia do rio; se Poudre brincasse na água, ela os perturbaria.

Embora a cachorra sempre obedecesse ao dono de boa vontade, ela fitava o rio com um ar inconformado. Logo reassumiu, no entanto, sua tarefa de proteger Dale, algo que levava extremamente a sério, principalmente depois da cirurgia que ele fizera nas costas no ano anterior.

Depois de Dale já ter pescado dois peixes, um terceiro mordeu a isca e nadou para longe, quebrando o anzol. Dale teve então de subir uns 100 metros por uma ladeira íngreme de pedra, até a caminhonete, para pegar outra isca na caixa de apetrechos de pesca. Com cautela, o homem e o cão galgaram o declive rochoso, que estava enlameado e escorregadio devido à chuva da noite anterior.

Depois de pegar a isca, Dale pôs-se a descer novamente o barranco com Poudre em seus calcanhares. No meio do trajeto, escorregou, bateu com o braço direito no chão e caiu de cabeça no terreno pedregoso. Rolou ladeira abaixo, batendo a cabeça e ferindo todo o corpo nas pedras, até cair no rio de bruços, inconsciente.

Poudre correu até ele, abocanhou o traje de pesca de Dale e virou-o de costas para que não se afogasse. Então, com os dentes, arrastou-o para um lugar mais raso, onde ele ficaria seguro entre duas pedras. Quando recuperou os sentidos, Poudre estava junto dele, fitando-o com um olhar de interrogação. Inclinou então a cabeça para o lado, como se esperasse por mais instruções.

Dale piscou, consciente mas sem entender o que acontecera. Todo o seu corpo doía. Por que ele estava ali? O que acontecera? Seu rosto estava cortado e cheio de sangue. A cicatriz da cirurgia nas costas rompera-se. O braço direito e o pulso, quebrados. Ele não conseguia se mover.

Então ele se lembrou de um bom motivo para sair dali *o mais rápido possível*: a qualquer momento as comportas da represa poderiam ser abertas e as águas do rio o cobririam. Com o braço direito quebrado, ele não poderia nadar; e estava machucado demais para enfrentar a correnteza, andando para fora do rio. Com certeza ele se afogaria, e ninguém sequer encontraria seu corpo.

O medo se apossou de Dale. Olhou para Poudre, de pé ao lado dele. Não seria justo pedir para que ela o ajudasse. Embora soubesse que ela faria tudo por ele, a cachorra não era forte o suficiente para tirá-lo dali e arrastá-lo morro acima, até a caminhonete. Com o dobro do tamanho da cachorra, ele pesava uns 50 quilos a mais do que ela. Mas não havia outro jeito. Ela era sua única esperança de sair dali vivo.

— Vamos, garota! — disse Dale. — Você vai ter de me puxar lá pra cima.

Poudre sabia o que significava "puxar"; uma vez ele atrelara um pequeno trenó a ela para que desse uma voltinha com as crianças da vizinhança. Ela então chegou perto o bastante de Dale para que ele pudesse agarrar sua coleira com a mão boa e puxou-o até que ficasse na posição sentada. Depois de descansar um pouco, ela puxou-o mais uma vez com todas as suas forças, enquanto ele usava um cotovelo para ajudá-la a tirá-lo da água. Devagar e com muito custo, ela conseguiu arrastá-lo para fora da água e puxá-lo ladeira acima, por pelo menos 3 metros.

— Você tem de continuar! — incentivou ele.

Com as poucas forças que lhe restavam, ela arrastou-o mais um pouco para cima. O sangue vertia da boca de Poudre. O fato de arrastar tanto peso pela coleira pressionava excessivamente seu pescoço. Embora ansiosa para tirar Dale dali, ela morreria caso continuasse a ajudá-lo daquela forma.

— Vamos ter de arranjar outro jeito de fazer isso — sussurrou ele.

Ele então prendeu seu cinto ao redor do peito da cachorra para que ela o rebocasse. Agarrou o cinto com firmeza, enquanto ela fincava as unhas na rocha para poder puxá-lo. Por muitas horas, horas de pura agonia, ela arrastou-se ladeira acima, por entre árvores, arbustos e pedras, até a caminhonete. Quando finalmente chegaram, Dale, extenuado e com dores terríveis, mais uma vez desmaiou.

Quando abriu os olhos, Poudre descansava ao lado, fitando seu rosto com um olhar intenso. Embora também estivesse exausta e machucada, ela ainda esperava para ajudá-lo. Mas não havia muito que ainda pudesse fazer. Às margens de uma estrada deserta, era pouco provável que alguém passasse por ali, e tampouco Dale conseguia clarear as idéias e encontrar um jeito de sair dali.

Decidiu que não iria dirigir até o hospital, pois lá teria de deixar Poudre na caminhonete. Num dia quente como aquele, ela acabaria morrendo sufocada na cabina. E alguém poderia roubá-la se a deixasse na caçamba. Ele tinha de dar um jeito de ir para casa. De lá, sua mulher, Virginia, poderia levá-lo ao hospital.

Dale respirou fundo, empertigou o corpo e forçou-se a ficar de pé. Com o braço esquerdo, colocou Poudre na caçamba e foi cambaleando para a cabina, desabando no banco do motorista. Então cruzou o braço à frente do corpo e, com a mão esquerda, tentou virar a chave na ignição. Da mesma forma, engatou a marcha e dirigiu devagar pela estrada empoeirada. Mas, depois de uns trinta minutos, começou a sentir fraqueza e tonturas.

Com receio de que pudesse desmaiar, encostou a caminhonete na margem da estrada. Mais do que nunca, ele precisava de Poudre — não para fazer algo por ele; apenas para lhe dar conforto e apoio emocional. Trôpego, arrastou-se para fora da caminhonete e trouxe Poudre para o banco do passageiro. Para não desmaiar, conversou com a cachorra, enquanto ela ouvia e observava. Por 90 quilômetros, a presença amorosa de Poudre ajudou-o a seguir em frente.

Quando estavam a menos de 10 quilômetros de casa, Dale sentiu-se tão fraco e nauseado que só teve tempo de parar a caminhonete antes de desmaiar pela terceira vez. Quando recuperou a consciência, Poudre cutucava-o com o focinho e lambia seu rosto para acordá-lo. Ligou o motor novamente e, com extrema dificuldade, manobrou o veículo, voltando para a estrada. Mas não conseguia dirigir numa linha reta; a caminhonete serpenteava de uma faixa para outra, na estrada que não parecia ter fim.

Quando finalmente conseguiu chegar em casa, Dale buzinou para chamar Virginia.

— Eu me machuquei pra valer — gemeu. Falar fazia com que seu corpo todo latejasse ainda mais. — Preciso ir para o pronto-socorro.

Satisfeita, Poudre seguiu Virginia até a casa. A cachorra parecia saber que sua tarefa estava cumprida. Virginia correu com Dale para o hospital, onde os médicos tiraram radiografias das costelas quebradas, fizeram curativos nos ferimentos da cabeça e deram novos pontos na incisão da cirurgia. Dale tivera muita sorte de estar vivo, e sabia que devia sua vida a Poudre.

Quando ele telefonou do hospital para casa, Virginia colocou o fone na orelha de Poudre para que ele pudesse agradecer a ela por salvar sua vida. Ao som da voz dele, a cachorra começou a ganir e a latir baixinho de satisfação. E só para alegrar Dale, Virginia levou a cadela ao hospital para fazer uma visita. Quando Poudre viu o quanto ele estava pálido e fraco, choramingou com tamanha angústia que até as enfermeiras notaram lágrimas brotando nos olhos dela.

Manquejando, ela correu pelo quarto de hospital. Conforme o veterinário explicou depois, ela fizera um esforço excessivo arrastando Dale ladeira acima e lacerara os músculos das pernas traseiras. Nada podia ser feito para curar a lesão; ela nunca ficaria boa.

Pelo resto da vida, Poudre andaria mancando e sentiria dores. Sofreria dia após dia por ter ignorado o próprio bem-estar para salvar uma pessoa que amava. Duas vezes por dia, teria de tomar remédio para dor. No entanto, por maior que fosse sua dor, ela ainda insistia em acompanhar Dale aonde quer que ele fosse.

CAPÍTULO SETE

Vagabundos Prestativos

"Dirijam-se para o Hospital Sinai. Falem com os plantonistas do pronto-socorro." A voz do outro lado do rádio da patrulha parecia preocupada. Os policiais Joe Dabliz e Timothy Bannon, de Detroit, se entreolharam. "Uma mulher acabou de chegar ao pronto-socorro. Ela pode ter tido um bebê, mas ele não está com ela."

Dabliz sentiu o estômago revirar. Quer dizer que alguma louca tinha dado à luz e matado o bebê? O policial tinha dois filhos pelos quais tinha verdadeira adoração e não conseguia imaginar que uma mãe pudesse cometer um crime execrável como esse. Mas algumas pessoas podiam ser verdadeiros selvagens.

Dabliz sabia que essa chamada poderia levá-los a um desses selvagens, especialmente depois que ele e Bannon chegaram ao hospital e conversaram com o médico que a atendera. Uma ambulância havia trazido a mulher, com hemorragia, para o Sinai em torno das 10h45 da manhã. Depois de examiná-la, o médico concluiu que ela dera à luz um bebê a termo, cerca de uma hora antes.

— Ela negou até mesmo que estivesse grávida — contou, balançando a cabeça incrédulo. — E ninguém trouxe o bebê.

Agora Dabiz e Bannon tinham de descobrir o que acontecera.

— Estamos investigando um monstro, não uma mãe — comentou Dabiz com amargura, enquanto dirigia para a casa da mulher.

Ela morava numa casa limpa e bem-arrumada, num bairro tranqüilo. Os policiais saíram do carro e atravessaram um gramado bem-aparado até chegar à varanda da casa. A mãe da moça atendeu à porta.

— Sua filha teve um bebê há pouco? — Dabiz perguntou.

— Deus meu, não! — ela arqueou as sobrancelhas de espanto diante da pergunta dele. — Minha filha sentiu-se mal hoje de manhã. Ela estava sangrando no banheiro e deixou uma trilha de sangue pela casa toda. Mas ela não teve um bebê.

— Podemos entrar e dar uma olhada?

— Claro!

Dabliz e Bannon encontraram sangue espalhado por todo o banheiro. Mas não havia como ela ter jogado no vaso sanitário um bebê nascido de nove meses. Uma trilha de gotas de sangue, a uma distância de uns 30 centímetros uma da outra, seguia para a cozinha e atravessava a soleira de uma porta lateral, até o lado de fora da casa.

Enquanto Bannon verificava o andar de cima, Dabliz seguiu a trilha de sangue por vários metros, passando pela entrada para carros até chegar à cerca que ficava atrás da casa. Havia uma grande poça de sangue nesse ponto e o policial concluiu que a mulher havia parado um instante antes de subir por cima da cerca e dar numa viela. Dabliz curvou-se e examinou o sangue mais de perto. Um calafrio percorreu seu corpo quando ele imaginou o que teria acontecido.

Seu coração pareceu parar.

Dabliz preparou-se para o pior. O corpo do bebê morto deveria estar enfiado numa lata de lixo em alguma parte da viela. Ou quem sabe fora enterrado. Ou talvez a mulher tivesse jogado a criança num caminhão de lixo que passava. Não importava o que tivesse acontecido, o crime era hediondo.

Quando levantou os olhos da poça de sangue e olhou de relance a viela, seu olhar se deteve nos olhos castanhos e gentis de um cão vagabundo. O animal tinha o focinho de um pastor alemão, mas era um pouco menor e tinha pêlos longos, sujos e emaranhados. Era uma cadela magra de dar dó; as costelas eram grossas tiras salientes ao redor do peito. Com certeza vivia nas ruas havia muito tempo e carecia profundamente de amor e carinho.

A cadela estava deitada com o corpo envolvendo um bebê, como se quisesse protegê-lo, e o lambia com grande ternura. A pele da criança estava rosada e brilhante, pois a cadela havia limpado com a língua o sangue da mãe. Aninhado contra o corpo do animal, o bebê parecia pedir aconchego. Na mãozinha, havia um pequeno galho.

— Meu Deus! — gritou Dabliz. — Tim! Tim! Venha cá!

Bannon correu para fora da casa.

— Ela jogou o bebê fora! — Dabliz não podia acreditar no que via. — Ela jogou o bebê fora!

Enquanto Bannon disparava para o carro, Dabliz pulou a cerca e pegou o bebê, um garotinho, ainda úmido com a saliva da vira-lata. Embora ela parecesse perceber que Dabliz estava ali para ajudar o bebê, não para machucá-lo, olhou-o intensamente, pronta para pular sobre o policial e enxotá-lo dali caso fosse necessário.

Dabliz tirou o colete à prova de balas e embrulhou a criança, aquecendo-a sob a camiseta.

— Não se preocupe — Dabliz disse à cachorra. — O bebê vai ficar bem. Você fez um bom trabalho. Você é uma mãe maravilhosa.

A vira-lata inclinou a cabeça diante do cumprimento; sua cara enlameada inspirava compaixão. Ela deveria estar na frente de uma lareira, não ali fora no asfalto frio e sujo. Merecia ter uma família que lhe desse carinho, em vez de viver sozinha pelo mundo afora.

O carro de polícia enveredou pela viela. Bannon pisou no freio a menos de 1 metro da vira-lata. Ela deu um pulo para trás para não ser atingida, como devia ter feito muitas vezes para sobreviver nas ruas. Dabliz entrou no carro com o bebê. Enquanto Bannon pisava fundo no acelerador, Dabliz virou-se para trás para dar uma última olhada na cadela.

Com um ar grave e tranqüilo, ela observou o carro da polícia até perdê-lo de vista. Mas seus olhos exprimiam tristeza e desalento.

Lágrimas rolavam pelas faces de Dabliz quando ele passou o bebê para as mãos do médico do pronto-socorro. Os acontecimentos daquele dia tinham sido comoventes demais para ele — um bebê abandonado salvo por uma cachorra abandonada. Dabliz ficou aliviado ao saber que o bebê, embora sofrendo de hipotermia, ficaria bem.

Mas a cachorra — *ela* certamente não ficaria bem. Devia estar vagando faminta, revirando as latas de lixo, e com frio, caso não tivesse encontrado um abrigo onde dormir. Dabliz ficou angustiado por ter de tirar o bebê dela. Seria ele o culpado caso a cadela estivesse triste por perder o bebê. Talvez ela o quisesse para lhe fazer companhia.

Quando Dabliz se deu conta do que estava pensando, viu que estava exagerando; claro que uma vira-lata não poderia criar um bebê nas ruas. Mesmo assim, seu coração se enterneceu por aquele animal solitário e de bom coração.

Naquele mesmo dia, Dabliz voltou à viela para procurá-la. Voltou ao mesmo lugar várias e várias vezes por algumas semanas, mas nunca a encontrou. Isso o deixou arrasado.

"Quem sabe o que aconteceu com ela?", ele ainda se pergunta. Alguém devia tê-la abandonado assim como aquela mãe abandonou o bebê. Nos dois casos, tratava-se inegavelmente de uma tragédia.

Cães vagabundos costumam fazer resgates surpreendentes. Parecem atraídos por pessoas que estão em apuros e chegam justo na hora de oferecer ajuda. Embora não tenham vínculo com nada nem com ninguém, são capazes de demonstrar grande compaixão por pessoas que nunca viram antes. Os animais não têm nada a ganhar fazendo isso — mas eles fazem mesmo assim.

• Quando o guia de montanhismo australiano Armin Liedl liderava uma excursão composta de quatro alpinistas alemães ao pico do Aconcágua, uma montanha dos Andes de 6.959 metros de altura, todo o grupo sabia que se tratava de uma aventura arriscada. Muitos alpinistas já haviam perdido a vida na tentativa de chegar ao cume da montanha. Mesmo assim, o grupo subia, a duras penas, cada vez mais alto.

Ficaram surpresos quando um cachorro apareceu de repente do nada, pois não havia nenhum vilarejo por perto. O animal seguiu atrás deles, depois se distanciou e acabou voltando para o lugar de onde viera. Quando Liedl o encontrou uma manhã, tremendo na neve, do lado de fora da sua barraca, percebeu que o cão não tinha dono. Com pena do pobre animal, Liadl lhe deu comida.

Vários dias depois, quando Liedl e mais dois alpinistas já haviam escalado 6.300 metros, o cão latiu e choramingou ao longe, tentando chamar a atenção deles. Suspeitando de que havia algo errado, Liedl caminhou até o vira-lata. Deitado ao lado dele estavam os outros dois componentes do grupo, perdidos e passando mal, devido à grande altitude. O cachorro estava claramente preocupado com eles. Sem o aviso do animal, Liedl nunca teria adivinhado que precisavam de ajuda.

O vira-lata parecia ter vindo apenas para alertar os alpinistas do perigo e possivelmente para salvar a vida dos dois integrantes do grupo. Depois de escoltá-los com segurança ao pico da montanha, desapareceu tão silenciosamente quanto surgira.

• Tarde da noite, quando Nils Haugejorden esmagava a neve sob os pés em Alberta, Canadá, ele escorregou e caiu, machucando-se tão gravemente que sequer conseguia se levantar. Deitado na neve, sob uma nevasca terrível e sem ter a quem recorrer, Nils não teve dúvida de que morreria antes que alguém pudesse encontrá-lo na manhã seguinte.

Um cão sem dono aproximou-se furtivamente e aconchegou-se a ele. Lambendo o rosto de Nils, o cãozinho o confortou e o manteve alerta. E só saiu de perto dele para latir em frente às casas da vizinhança em busca de ajuda. O barulho acabou acordando um vizinho, que saiu de casa e encontrou Nils caído na neve. Uma ambulância levou-o às pressas para o hospital, onde foi tratado de uma grave gangrena causada pelo frio. Em gratidão, Nils adotou o cachorro e deu a ele o nome de Lonesome [Solitário].

• Quando William Foy, um fazendeiro de Indiana, operava uma empilhadeira no celeiro, uma prateleira metálica desprendeu-se da parede, caiu sobre ele e prensou-o contra o chão, deixando-o sob o trator, quase sem poder respirar. Na casa de Foy, seu filho Billy não ouviu nenhum barulho que pudesse fazê-lo desconfiar de que algo acontecera ao pai. Mas o cocker spaniel da família ouviu.

O cachorro arremessou-se contra a janela, latindo e choramingando com tanta insistência, que Billy deixou-o sair e o seguiu até o celeiro. Ali encontraram Foy, ainda preso sob o trator. Billy tentou várias vezes libertá-lo, até que conseguiu erguer a prateleira com a ajuda de um macaco. Sem o cocker spaniel, Foy poderia ter ficado ali, sem poder se mover, por várias horas.

Até a família ter decidido adotá-lo três dias antes, o cão vivera nas ruas.

Numa tarde friorenta, Josh Carlyle, um menino de 10 anos de idade, portador de síndrome de Down, viu dois vira-latas — um mestiço de dashshund e o outro de blue heeler — perambulando pela casa dele, na zona rural do Missouri. Fascinado pelos cães, ele os seguiu, embrenhando-se na floresta Ozark até perceber que já não sabia voltar para casa.

Quando a mãe de Josh olhou pela janela da cozinha para chamá-lo para o jantar, viu que o garoto sumira. Ela saiu gritando o nome dele pela vizinhança, mas não conseguiu encontrá-lo. Apavorada, telefonou para o xerife Ralph Hendrix, que veio imediatamente. Quando o céu escureceu e a temperatura caiu, Hendrix percebeu que a situação era grave.

Ele estacionou seu ônibus escolar azul-celeste um pouco abaixo da colina onde ficava a casa de Josh e anunciou a busca pelo rádio. Dentro de poucas horas, trezentos voluntários apresentaram-se. O ajudante do xerife chegou, cachorros farejadores foram trazidos das cidades vizinhas e, à noite toda, Hendrix mandou grupos de oito a dez homens para esquadrinhar cada palmo da floresta, à procura de Josh.

Na manhã seguinte, depois de um noite inteira procurando em vão, Hendrix tentou não desanimar. No entanto, nada indicava que Josh estivesse vivo. Ele mandou mais voluntários e pediu que procurassem não só no meio do mato, mas também nas cavernas e nos desfiladeiros. Na noite seguinte, a temperatura tinha caído abaixo de zero e não havia nem sinal de Josh, com exceção de uma pegada de bota. Hendrix temia que o menino tivesse congelado de frio durante a noite.

— Vão para o norte. A menos que encontrem Josh, só voltem ao escurecer — ordenou Hendrix, na manhã seguinte, aos homens que faziam a busca a cavalo.

Um dos homens, Oscar Nell, cavalgava no meio do mato, quando, ao puxar as rédeas para que o cavalo subisse uma colina, o animal empacou e deu meia-volta, seguindo em direção a uma ravina. Nell achou que o cavalo podia saber mais sobre o paradeiro de Josh do que *ele* próprio, e deixou-se guiar pelo instinto do animal.

Ao ouvir um cachorro latindo, Nell apertou os olhos para enxergar o que havia entre as árvores, de onde vinha o som. Um cão vadio, mestiço de blue heeler, latia enquanto subia e descia correndo um morro escarpado; depois parava ofegante. Nell teve certeza de que o cão tentava chamar a atenção dele.

Seguindo o animal mato adentro, Nell encontrou Josh deitado no chão. Junto dele, estava outro vira-lata, mestiço de dachshund.

— Josh! Josh! — Nell apeou do cavalo e correu para junto do garoto.

O blue heeler avançou e rosnou com tamanha ferocidade que Nell estancou surpreso. Embora o cachorro tivesse feito tudo para que Nell o seguisse, agora parecia que o encarava como uma ameaça. Dirigiu-se então ao animal com voz suave, usando um tom baixo, mas firme. O cão ainda não parecia confiar nele, mas parou de latir e pareceu menos disposto a mordê-lo.

Quando o menino levantou a cabeça, Nell ficou imensamente aliviado ao ver que estava vivo. Ajudou-o então a se sentar e a se encostar no tronco de uma árvore.

— Está com fome? — perguntou a ele.

Josh estava assustado e com frio demais para responder.

Nell deu a ele um sanduíche, mas os dentes do menino batiam tanto que não conseguia comer. A boca sangrava. Estava coberto de terra e de mato. Mas seu rosto estava limpo, embora a pele estivesse áspera nos locais onde o mestiço de dachshund o lambera.

Nell ajudou Josh a beber um pouco de água, colocou-o sobre o cavalo e montou atrás dele. Os dois vira-latas seguiram, zelosos, atrás deles enquanto rumavam para o posto de comando onde a busca se iniciara.

Então Nell teve de parar. Os dedos dos pés de Josh tinham gangrenado com o frio e o balanço da cavalgadura causava tantas dores no menino, que os impedia de continuar. Então Nell resolveu armar acampamento e fazer uma fogueira.

— Vou trazer ajuda — prometeu ao menino.

Enquanto afastava-se a cavalo, em busca de ajuda, viu os dois cães aproximarem-se do garoto. Eles o protegeram e aqueceram até que a equipe de resgate chegou num jipe, que levaria Josh até um helicóptero.

Deitaram-no cuidadosamente no banco de trás do veículo e dispararam pela estrada. Os cães latiram e uivaram, transtornados ao ver Josh partir. O dachshund perseguiu o jipe até não poder mais se agüentar de pé, sobre as perninhas roliças.

Mais tarde os vira-latas aparentemente separaram-se e voltaram até a casa de Josh para procurá-lo. Um homem que servira de voluntário na busca pegou o dachshund; os vizinhos de Josh encontraram o outro vira-lata numa colina ali perto e lhe ofereceram comida para que se aproximasse. Depois que um veterinário examinou a ambos e comunicou que eram saudáveis, os pais de Josh concordaram em adotá-los.

Na tarde em que os cães seriam adotados pela família, Hendrix os levou para cumprimentar Josh pela sua alta do hospital. Os dois, eufóricos por ver o garoto novamente, lutavam para se libertar da coleira. Josh ficou emocionado.

O daschshund pulou sobre a cadeira de rodas do menino, lambendo-o e choramingando de alegria. O outro, mais reservado, cheirou Josh da cabeça aos pés, certificando-se que ele estava bem.

A devoção explícita que tinham por Josh tocou Hendrix profundamente.

— O Senhor fez com que ficassem com Josh e cuidassem dele — disse o xerife. — Foi um milagre ter sobrevivido.

Um milagre que aconteceu graças à compaixão de dois cães vagabundos.

David Bruce empurrava o filho de 2 anos, David Jr., em seu carrinho até a igreja de St. Bede, em Hayward, Califórnia. Poderia tratar-se de um passeio agradável na companhia do filho, mas definitivamente não era nada disso; eles estavam a caminho da igreja para fazer uma refeição de graça. Bruce fora despedido do emprego num armazém e, embora estivesse procurando outro, não tinha encontrado ainda. Estava inseguro e confuso.

Enquanto ele e David andavam pela calçada de uma avenida de tráfego intenso, uma rottweiler abandonada seguia à frente deles. A cadela estava de dar dó — parecia tão insegura e confusa quanto Bruce. As costelas salientes apareciam sob o pêlo marrom encardido, que parecia não ver água havia meses. Quando ela abaixou a cabeça e ficou ali, olhando o concreto, Bruce pôde ver que faltava-lhe confiança.

Ansioso para fazer um carinho no pobre animal, David implorou para que Bruce o deixasse sair do carrinho. Como a vira-lata lhe parecesse inofensiva, Bruce tirou o filho do carrinho e colocou-o de pé na calçada. Bastou o pai parar por um momento e amarrar o cadarço do sapato para David descer a guia e disparar para o meio da rua. Instantaneamente, Bruce endireitou o corpo e correu como louco atrás do garotinho.

Um sedã azul aproximava-se acelerado na direção de David, parcialmente encoberto por um carro estacionado. Bruce estava longe demais para alcançar o menino. Quando o sedã passou zunindo perto dele, o pai se contraiu de terror.

Bruce gritou e correu em direção a David, mas a cadela abandonada alcançou-o primeiro. Pulou sobre o menino e empurrou-o para longe do carro

justo no momento em que o motorista os vira e enterrara o pé no freio. O carro cantou pneu até parar, a poucos centímetros de onde David estivera antes.

A rotweiller sentou-se ao lado do menino com um ar protetor, abanando o rabo, arquejando e implorando com seus olhos castanhos para que Bruce prestasse atenção nela. Ainda trêmulo, Bruce pegou o filho nos braços e recolocou-o no carrinho. Então agachou-se e afagou a cachorra, agradecendo a ela.

Ela estava tão carente de afeição que grudou em Bruce. Seguiu com eles até a igreja, esperou pacientemente até que saíssem dali e acompanhou-os até em casa, implorando atenção. Bruce parou, afagou as orelhas dela e chamou-a de Minnie.

Depois de salvar seu filho com tamanha bravura, Bruce sentia que estava em débito com Minnie. Ele não podia suportar a idéia de vê-la novamente vagando pelas ruas, passando fome. Embora quisesse sua amizade para sempre, sabia que não podia ficar com ela. Moravam num prédio de apartamentos que não permitia animais; o proprietário não abriria uma exceção, deixando que Bruce ficasse com a cadela.

Sem emprego e sem dinheiro para mudar-se para outro lugar, não teve outra saída senão desistir de ficar com Minnie. Atormentado pela culpa, ligou para o abrigo para animais de Hayward; em poucos minutos um funcionário do abrigo veio e levou Minnie embora. Bruce prometeu a si mesmo que Minnie só ficaria no abrigo temporariamente; ele encontraria os donos da cadelinha e ela ficaria bem.

Os funcionários do abrigo alimentaram Minnie, deram-lhe um banho e escovaram seu pêlo. Procuraram deixá-la mais bonita para que alguém se interessasse em adotá-la. Mas os dias passavam e ela continuava em sua gaiola, sacudindo o rabinho e buscando desesperadamente com os olhos as famílias que visitavam o abrigo. Nenhuma delas, porém a escolheu, pois ela não passava de um vira-lata comum. Todos queriam um cão vistoso e bonito; não queriam Minnie.

Bruce tinha certeza de que a família dona de Minnie a perdera e estava procurando por ela. Como eles poderiam tê-la abandonado? Ela era uma cadela maravilhosa! Ciente de que Minnie não poderia ficar no abrigo para sempre, Bruce falou sobre ela a todos os veterinários da região. Mas ficou desanimado ao ver que ninguém procurara por ela.

Para piorar a situação, três semanas depois, o abrigo precisou ser esvaziado para que pudessem instalar um piso novo. Como não seria possível encontrar um lar temporário para todos os cães do abrigo, alguns deles teriam de ser sacrificados. Isso significava que só os cães mais vistosos — que teriam mais chance de ser adotados — seriam preservados. Minnie seria um dos primeiros a morrer.

Mais abatido do que nunca, Bruce desistiu de localizar a antiga família de Minnie e passou a procurar um novo lar para ela. Como nessa época já estava empregado, ofereceu-se para pagar a taxa de adoção do abrigo, de 50 dólares, para quem se dispusesse a ficar com ela. O tempo passava depressa e não aparecia nenhum voluntário.

Minnie, é claro, não percebia que estava em perigo. Continuava sentada em sua gaiola, abanando o rabo e encarando os visitantes com cara de quem queria sair dali. Embora fosse muito bem alimentada no abrigo e já tivesse ganho peso, suas costelas ainda visíveis não eram exatamente um convite para um toque carinhoso. Os tufos de pêlo que perdera devido à desnutrição ainda não tinham voltado a crescer. Os visitantes do abrigo a olhavam com indiferença e logo se afastavam.

A morte pairava sobre ela como uma ameaça sinistra. Desesperado, Bruce entrou em contato com jornais e canais de TV e descreveu aos repórteres a situação difícil em que Minnie estava, implorando para que encontrassem alguém que se compadecesse dela, assim como ela se compadecera de seu filho. Depois desse apelo, a história de Minnie foi publicada.

Na manhã seguinte, antes mesmo de o abrigo abrir as portas, 45 mensagens de pessoas ansiosas para adotá-la congestionavam a secretária eletrônica do local. Em poucos dias, mais de cem pessoas mostraram interesse em dar a Minnie um novo lar. Os voluntários do abrigo examinaram minuciosamente todos os interessados e convidaram Annie Urbanos e seu filho de 5 anos, Nicholas, para encontrar Minnie na "sala de convivência" do abrigo. Minnie pulou sobre Nicholas com tanta alegria que por pouco não o derrubou. Lambeu o rosto e as mãos do menino e então pressionou o corpo contra Annie, como se a moça fosse mais preciosa para ela do que comida ou oxigênio.

— Como uma cachorra que sofreu tanto pode ser tão amorosa? — perguntou Annie aos voluntários do abrigo. — Ela é bárbara! Faremos qualquer coisa para ficar com ela.

E de fato ficaram.

Finalmente num lar de verdade, Minnie cheirou os tapetes cheia de gratidão. Obviamente, ela ainda estava apavorada com a idéia de ser abandonada nas ruas outra vez. Em razão do *stress* e da tensão, todo o pêlo do rabo caiu, deixando à mostra sua pele rosada e vulnerável. Mas pouco a pouco o amor da família fez com que Minnie se tornasse um animal saudável novamente.

Tornou-se uma cadela roliça e, finalmente, confiante. O pêlo macio voltou a cobrir o rabo. De forma indireta, seu ato de bravura foi recompensado. A generosidade da vira-lata para com um estranho fez com que encontrasse alguém que a cercasse de amor.

CAPÍTULO OITO

Proteção Contra o Fogo

Paula Howton, de Gran Rivers, Kentucky, comprou para dar à mãe, no Natal, um lulu-da-pomerânia. A cachorrinha lhe lembrava uma raposa em miniatura. Tinha olhos brilhantes, um nariz pontudo, um rabo bem peludo e um pêlo vermelho que se espalhava em volta do seu corpo, deixando-a parecida com um pequeno esfregão. Ela também tinha dentinhos afiados como agulhas, que às vezes enterrava no calcanhar das pessoas. Já adulta, ela tinha 15 centímetros de altura e pesava apenas 600 gramas.

Paula deu a ela o nome indígena Shukota e a deu de presente à mãe.

Assim que sua mãe, Betty, pôs os olhos em Shukota estreitou os olhos e perguntou:

— Quanto custou esta cachorra?!

— Quinhentos dólares — respondeu Paula.

— Quinhentos dólares!? — Betty estava indignada. — Eu teria gasto esse dinheiro em algo muito melhor do que um cachorro!

Betty nunca deixava de lembrar a Paula a quantia absurda que pagara pelo animal. Quinhentos dólares por uma cachorra que mais parecia um rato estava além de qualquer extravagância. E sempre que a filha não tinha dinheiro suficiente para comprar algo que quisesse, Betty a atormentava:

— Você poderia comprar se não tivesse gasto quinhentos dólares com essa cachorra.

"Essa cachorra" parecia perceber a desaprovação da dona. Ficava amuada num canto, como se não tivesse nada que fazer com Betty. Vivia embaixo das cadeiras, não atendia quando a chamavam e ignorava Betty como se ela não existisse.

Paula acabou admitindo para si mesma que dar a cachorra de presente para a mãe tinha sido uma péssima idéia. Resolveu, então, levá-la para morar com ela. Logo se apegou à cachorra, que, por sua vez, também assumiu uma atitude protetora com relação à moça. Se alguém chegasse muito perto de Paula, Shukota já partia para cima, latindo enfurecida. A cachorra defendia o que, aos olhos dela, era seu território.

Vários anos depois, Betty e Paula — acampanhadas do sobrinho de Paula, Charlie, e da tia Cookie — foram de *motor home* ao México com vistas a comprar cobertores para uma firma de importação que a família pretendia abrir. Viajando com eles estavam Shukota — que nessa época já encarava Betty com um pouco mais de tolerância — e Token, outro lulu-da-pomerânia maior, que pesava um pouco mais de 1 quilo.

A família comprou a mercadoria para o futuro negócio e muitos cartuchos de munição para as armas de Betty, seu *hobby* favorito. Então entraram no *motor home* e rumaram para casa. Betty dirigia enquanto tia Cookie cochilava no banco do passageiro e Paula e Charlie também tiravam uma soneca com os cães, numa cama na parte de trás. O dia estava ensolarado e o clima, ameno. O veículo logo ficou repleto de roncos.

Cem quilômetros depois de cruzarem a fronteira, Shukota começou a latir. Paula acordou e tentou fazê-la ficar quieta antes que perturbasse tia Cookie e Charlie. Foi em vão. Shukota continuou a latir tão alto quanto permitiam seus pulmõezinhos minúsculos. Os latidos agudos feriam os ouvidos. Tia Cookie, sonolenta, abriu os olhos.

— O que há de *errado* com essa cachorra? — reclamou Betty. (Para Betty, Shukota continuava a ser "essa cachorra".) — O que você fez? Dormiu e rolou sobre dela?

— Não — respondeu Paula.

Shukota começou a latir ainda mais, usando toda sua energia para tentar se comunicar. Então de repente ficou em silêncio, jogou a cabeça para trás e fechou os olhos.

— Há algo errado com ela, mãe! Acho que está tendo convulsões! Encoste o carro, rápido!

Paula abraçou Shukota mais forte e virou-se para ver Token; ele e Charlie dormiam. Uma fumaça preta se esgueirava por debaixo da cama, enquanto uma chama surgia da fenda do aquecedor. Shukota, tentando avisar a família de que o veículo estava pegando fogo, entrara em desespero. Agora passava mal devido à fumaça que inalara.

— Pare o carro! — Paula gritou novamente. — Está pegando fogo! Encoste!

Betty estancou o pé no freio no acostamento da rodovia e saiu do *motor home* num pulo. Paula passou Shukota e Token para tia Cookie:

— Pegue os cachorros e saia daqui!

Paula arrastou Charlie, ainda sonolento, para fora da cama e depois para a porta.

— Corra o mais que puder!

Do lado de fora, Betty fez respiração boca a boca em Shukota e conseguiu fazê-la recuperar os sentidos. Dentro do veículo, Paula apanhava roupas e cobertores, atirando-os pela porta.

Quando Paula tentou voltar ao *motor home* para pegar uma nova remessa, Betty segurou-a pelo braço.

— Não entre aí! — avisou. — Vai explodir!

Enquanto Tia Cookie e Charlie corriam pela estrada com os cães, Paula e a mãe afastaram-se do *motor home* — bem na hora certa. O tanque de gasolina explodiu num estrondo, estilhaçando os vidros das janelas. As chamas lamberam as laterais do veículo, estendendo-se em direção ao céu. Quando a fumaça preta tingiu tudo ao seu redor, a munição de Betty explodiu como fogos de artifício. Trêmula, Paula fitava a carcaça do *motor home*. Ela também podia ter virado cinza, mas só suas mãos tinham queimaduras.

Ambulâncias, caminhões de bombeiros e patrulhas da polícia da logo chegaram. Paramédicos apressaram-se a prestar socorro.

— Você tem de ir para o hospital — um deles disse a Paula. — Precisa fazer curativos nas mãos.

Paula recusou-se a deixar sua cadelinha.

— Se ela pôde salvar a minha vida, também pode ir comigo para o hospital.

Os paramédicos entenderam Paula e deixaram que levasse os cachorros com ela. À medida que a ambulância acelerava, Paula olhava através do vidro traseiro para os restos do *motor home*, até que ele virou um ponto escuro e distante no acostamento da estrada.

O fogo tinha queimado 4 mil dólares em dinheiro e o equivalente em cobertores. Paula tinha perdido não apenas seus pertences, como também as esperanças de começar seu próprio negócio. Mas ela não podia reclamar: sua família — e seus cães — estavam a salvo, graças a Shukota. Ela nunca poderia exprimir toda gratidão que sentia por aquela criaturinha minúscula.

— Ela vale 500 dólares agora? — perguntou mais tarde à mãe, no hospital.

— Vale — Betty admitiu. Ela nunca dera o braço a torcer tão rápido.

Alguns meses depois um estranho aproximou-se de Paula e Betty e começou a afagar Shukota.

— Eu gostaria muito de comprar a sua cachorrinha. Ela está à venda?

— À venda?! — Betty retorquiu indignada. — Essa cachorra salvou a nossa vida. Eu não a venderia nem por 1 milhão de dólares!

Centenas de cães e gatos já avisaram pessoas de incêndios. Quando o fogo começa no meio da noite, os animais lançam mão de todos os meios possíveis para acordar os membros da família com quem vivem e tirá-los do perigo.

- Donald e Rose Sylvester, de Lowell, Massachusetts, foram acordados pelo vira-lata deles, Blackie, que latia como um doido para avisá-los de que uma casa de veraneio em frente à deles estava em chamas. O mais estranho era que, poucas semanas depois, na noite de Natal, o apartamento *deles* também pegou fogo. Latindo, Blackie correu de cômodo em cômodo, cutucando com o focinho as crianças adormecidas e puxando o cabelo delas com a boca, para que levantassem — bem a tempo de os dez membros da família e seus hóspedes escaparem.
- Em *Pet Heroes*, da autoria de Paul Simons, há um relato sobre Samantha, uma gata birmanesa de Rancho Mirage, na Califórnia, que subiu na cama de Francesca e Robert Goldbraith, miando e puxando os lençóis com a boca. Quando eles finalmente abriram os olhos e viram que o quarto estava cheio de fumaça, chamaram o corpo de bombeiros e correram para avisar os outros inquilinos do prédio em que moravam. O fogo, que começara no subsolo, espalhou-se rapidamente pelo andar. O desespero de Samantha para puxar os lençóis dos Goldbraith salvou 44 pessoas.

Numa noite de verão, uma forte tempestade caía sobre New Bern, na Carolina do Norte, enquanto Rosevelt e Linda Matthews dormiam. Relâmpagos azuis e brancos cruzavam o céu e o ribombar dos trovões parecia o rufar de tambores.

Um estrondo retumbante acordou Linda. Assustada, ela pulou da cama.

— Você ouviu isso? — perguntou a Rosevelt. — O que será que foi?

— Talvez um raio tenha atingido a TV.

Meio dormindo, Rosevelt jogou as cobertas para o lado, atravessou correndo o quarto e desligou o televisor da tomada. Depois voltou para cama e tentaram dormir novamente.

No entanto, além da tempestade, o som fraco de um cachorro latindo do lado de fora não os deixava dormir. O latido parecia ser de Roc, o velho cão do casal, mestiço de rottweiler e retriever de chesapeake bay, que sempre fora um ótimo cão de guarda. Partindo dele, o latido parecia estranhamente fraco.

— Você acha que é o Roc? — Linda perguntou.

— O latido está muito distante — respondeu Rosevelt. — Deve ser algum cachorro na rua.

Mas o latido ficou mais alto.

— Esse latido *é* dele. Deve haver um ladrão lá fora.

Rosevelt olhou da janela para o quintal dos fundos. Ali estava Roc, na chuva, olhando para ele. Claramente transtornado com alguma coisa, o cão continuava com seus latidos graves e barulhentos, embora parecesse não haver ninguém no quintal.

— Não há nenhum ladrão — garantiu a Linda.

Mas ela não estava convencida. Quando Rosevelt voltou para a cama, ela foi até a janela para se certificar por si mesma. Roc corria sem parar da lateral do quintal até os fundos da casa. Enquanto cavava uma trilha lamacenta na grama, seus latidos ficavam ainda mais urgentes.

— Não se preocupe. Ele só está com medo dos trovões — disse Rosevelt.

— Isso não faz sentido. Roc já viu tantas tempestades e nunca teve medo de trovões.

Ele também nunca fizera tanto barulho sem um bom motivo. Talvez tivesse se machucado, pensou Linda preocupada. Quem sabe estivesse doente.

Rosevelt levantou-se de novo e percorreu a casa para ver se havia algum problema. Quando viu que estava tudo em ordem, voltou para a cama — e Roc continuou a latir.

Enquanto a chuva açoitava a vidraça, Linda não conseguia deixar de se preocupar. Incapaz de relaxar, ela rolava na cama. Assim que clareasse, disse a si mesma, iria lá fora ver se não havia nada de errado com Roc. Ela queria que o dia já tivesse clareado.

Então a campainha da frente tocou. Linda e Rosevelt levantaram-se da cama num salto. Através da janela viram chamas amareladas.

Eles acordaram os filhos, chamaram os bombeiros e correram para fora. Na chuva, assistiram à parte do telhado em chamas vir abaixo exatamente onde tentavam dormir minutos antes.

Um raio atingira o telhado e incendiara os fios elétricos no sótão. O fogo na instalação elétrica começara em silêncio e quase sem fazer fumaça. Sem o barulho das chamas crepitando e estalando, Linda e Rosevelt não tinham como saber que estavam em perigo. Se tivessem ficado na cama, quando o telhado em chamas despencou eles teriam morrido instantaneamente.

— Quem tocou a campainha, fazendo-nos levantar a tempo? — eles se perguntaram pelo resto da noite.

Na manhã seguinte acharam a resposta: a pata de Roc, suja de lama, estava estampada na campainha.

Os animais avisam as pessoas do fogo mesmo quando eles próprios podem sair do lugar em chamas e se salvar do perigo? Os resgates que executam são gestos de compaixão ou puro interesse?

- Budweiser, um são-bernardo adolescente, estava deitado no quintal quando ouviu um estouro dentro da casa da senhora B. M. Carter, em John's Island, na Carolina do Norte. O cão se levantou num salto e disparou para a porta à procura de Carter e seus seis netos. Budweiser agarrou a menorzinha, de 4 anos, pela camiseta e empurrou-a através das chamas até o quintal do vizinho. Então voltou para dentro da casa e arrastou pelo braço outra criança, de 5 anos, até um lugar seguro fora da casa.

Enquanto isso, a senhora Carter levava seus outros quatro netos para a rua. Mas Budweiser recusou-se a ficar com eles do lado de fora. Deu meia-volta e arrancou em direção à porta novamente para tentar salvar o chihuahua da família. Infelizmente, o calor do fogo era tão intenso que ele teve de voltar — minutos antes de o telhado vir abaixo, transformando a casa num monte de brasas incandescentes.

- King, um pastor alemão mestiço, estava dormindo quando um incêndio começou na lavanderia da casa dos Howard Carlson, em Granite Falls, Washington. Como ao lado da cama do cachorro houvesse uma porta de vidro que ficava permanentemente aberta, o animal poderia fugir para fora. No entanto, ele não saiu da casa para escapar do fogo. Em vez disso, arranhou e mastigou uma porta de madeira compensada da lavanderia em chamas, até sua boca se encher de lascas.

Então esgueirou-se pelo buraco na porta, machucando as costas numa farpa do compensado. Ao correr para o quarto da filha dos Carlsons, ele também queimou as patas. Apesar de todos esses ferimentos, ganiu e cutucou a garota até acordá-la, então correu para o quarto dos pais dela. Como o senhor Carlson sofresse do pulmão, ele não conseguiu sair da casa tão rápido quanto a mulher e a filha. King preferiu então ficar ao lado dele. Enquanto as paredes ardiam em torno deles, saíram lentamente da casa, lado a lado, o pastor e seu dono.

- Uma noite antes do Dia de Ação de Graças, Sam, um gato do Oregon, viu Mae Udovitch colocar um peru no forno, deitar-se na cama e cair no sono. Às duas e meia da manhã, a casa se encheu de fumaça. Sam pulou sobre Mae, bateu a pata sobre os cabelos dela e miou. Quando a mulher finalmente abriu os olhos, viu a fumaça e correu para a cozinha, onde o peru estava em brasa.

Então voou para a porta da frente e colocou Sam para fora, onde ele estaria a salvo, deixando a porta aberta para sair a fumaça. Na cozinha, enquanto tentava abafar as chamas com uma toalha, olhou para o chão de relance: lá estava

Sam de volta. O gato ficou ali parado com uma expressão de ansiedade nos olhos, até que Mae conseguiu apagar o fogo. Só então o gato concordou em ir para fora. Mae tem certeza de que ele quis se certificar de que ela estava bem, antes de se afastar.

- Duke, um collie, estava sentado ao lado de Penny Grantz, de 10 anos, enquanto ela queimava papéis no quintal dos fundos de casa, em Niles, Ohio. De repente, uma lufada de vento carregou algumas brasas incandescentes, atingindo a camiseta da criança. A roupa começou a pegar fogo. Penny correu aos gritos em direção à casa, em busca do pai, mas Duke pareceu perceber que não haveria tempo para ela alcançá-lo.

Antes que a menina chegasse à porta, Duke pulou sobre ela, agarrou a camiseta em chamas com os dentes, rasgou-a e deu patadas sobre ela, queimando gravemente a boca. O fogo se espalhava pela blusa justo quando o pai da menina saiu correndo da casa e acabou de rasgar a camiseta, arrancando-a da filha. Penny teve de ficar internada no hospital por nove semanas; os médicos disseram que, sem a ajuda de Duke, ela certamente teria morrido. Duke recuperou-se em casa, onde sua boca aos poucos sarou.

CAPÍTULO NOVE

Servindo de Escudo

Ao amanhecer, Benji, um velho vira-lata que lembrava o Benji de Walt Disney, seguiu Clarence Lea, de 88 anos, até o jardim de inverno, em Portland, Indiana. Clarence pensava em deixar Benji sair para seu passeio matinal, mas, quando o ancião foi abrir a porta da frente, escorregou na neve que entrara por debaixo da porta e bateu a cabeça no chão. O tombo o fez perder os sentidos.

Embora o jardim de inverno fosse fechado, a temperatura ali chegava a abaixo de zero. O vento continuava a empurrar a neve por baixo da porta. Clarence, desacordado no chão e usando apenas um agasalho leve sobre a camisa, corria um grande perigo de congelar até a morte. Enquanto estava ali caído num estado de semiconsciência, Benji veio em seu socorro.

Às três horas da tarde, o filho de Clarence, David, que morava do outro lado da rua, ouviu o carteiro passar mais cedo do que o habitual. Saiu então para a rua e pegou a correspondência. Para evitar que o pai também precisasse sair de casa para pegar a correspondência, David levou as cartas de Clarence para a casa dele.

Espiando pela janela do jardim de inverno, David viu o pai esparramado no chão, quase morto, com as roupas e o cabelo congelados. Sua pele estava arroxeada e as mãos gravemente afetadas pelo frio. Embora consciente, ele estava com frio demais para se mexer.

Aconchegado entre a cabeça de Clarence e a porta estava Benji, congelado, com o pêlo todo coberto de farpas de gelo. O animalzinho também estava à beira da morte. Desde que o dia amanhecera, o cão estava deitado em frente à porta, bloqueando a fenda, para que o vento não soprasse a neve sobre Clarence. O cachorro era tão velho que mal conseguia movimentar os membros afetados pela artrite, no entanto, durante dez horas ele impediu que Clarence congelasse até a morte.

Sabe-se que os animais podem usar o próprio corpo como escudo para salvar pessoas em perigo. Eles não só aparentam estar dispostos a protegê-las dessa forma, como parecem até ansiosos para fazer isso. Uma vez, um enxame de vespas atacou Cassandra Vance, em Nashville, Illinois. Sheba, um malamute-do-alaska, pulou sobre ela e cobriu seu corpo com o dele. Cassandra levou apenas uma picada, mas as vespas picaram Sheba em 27 lugares, quase levando-o à morte.

Ursula Tait, de Alberta, no Canadá, saiu para passear nas montanhas uma manhã, com seus cães bernese montain — Balloo e Jessie — e sua amiga Nina Hofer. À tarde, elas pararam para descansar no topo de uma subida escarpada. Como Ursula estivesse com dor de cabeça, decidiram voltar para casa. Ursula ficou de pé e chamou os cães; então, sem qualquer aviso, ela desmaiou e rolou pelo declive.

Enquanto seu corpo rolava, aproximando-se cada vez mais de um monte de pedras e de uma grande árvore, Nina assistia à cena petrificada, sem saber como ajudar a amiga. Em poucos segundos, Ursula iria de encontro à árvore e certamente morreria.

Balloo logo percebeu o perigo. Levantando-se num salto, disparou atrás dela. Com grande esforço conseguiu passar à frente da moça, deu meia-volta e *atirou-se na frente dela.* Ela chocou-se contra o animal com tamanha violência, que o corpo dele foi arremessado para trás. O cão, no entanto, interrompeu a queda de Ursula poucos centímetros antes de a moça se espatifar de encontro à árvore.

Ursula, inconsciente, sangrava devido a alguns cortes nas pernas, nas costas e na cabeça. Balloo, ignorando a dor que sentia e seus próprios ferimentos, curvou-se sobre ela, cutucou-a com o focinho e tocou-a com a pata. Quando Nina chegou no local onde estavam, a garota ferida recuperou os sentidos e percebeu que machucara as costas, perdendo a sensibilidade nas pernas. Ursula e Nina decidiram ficar onde estavam até que alguém viesse resgatá-las.

Quando anoiteceu, a temperatura caiu para menos de 2 graus e começou a chover. Nina então fez uma fogueira. Mais uma vez Balloo defendeu Ursula, desta vez do frio, aninhando-se a ela junto com Jessie. Eles só se afastaram dela para latir por ajuda ou para responder aos uivos dos coiotes e dos lobos.

Quando o sol nasceu, a equipe de resgate enviada pelos pais das garotas localizou o fogo e comunicou-se pelo rádio com um helicóptero que levou Ursula para o hospital. Os latidos de Balloo e de Jessie pareciam incentivar a equipe a agir com presteza. No hospital, os médicos informaram que Ursula quebrara duas vértebras, que se recomporiam com o tempo. Depois disso, sempre que sentia dor no local, Ursula se lembrava de como o acidente poderia ter sido muito pior se Balloon não tivesse usado o próprio corpo para impedir que ela batesse na árvore.

Quando um carro-bomba voou pelos ares atrás da casa de Brian McMullan, em Belfast, Irlanda do Norte, Bruno, seu cão mestiço de terrier e labrador, de 12 anos de idade, ficou traumatizado. A bomba explodiu com tanta violência que Brian foi arremessado do quintal para a cozinha. Bruno cortou as patas com o vidro estilhaçado e passou a encarar explosivos com desconfiança.

Ele certamente não esquecera esse terrível acidente quando alguns adolescentes arruaceiros jogaram fogos de artifício por cima do muro, no quintal, durante vários dias seguidos. Por cinco vezes Bruno latiu enfurecido para os garotos, então corria para dentro e encolhia-se de terror.

Na sexta vez que os vândalos arremessaram uma espécie de bombinha por sobre o muro, Brain estava consertando o carro no quintal com Anne Marie, sua filha de 1 ano de idade. O artefato caiu perto da menina, assobiando um pouco antes de estourar. As faíscas voavam para todos os lados. Quando Anne Marie curvou-se para pegar a bombinha, Bruno ignorou seu medo de explosivos. Pulou na frente dela e agarrou a bombinha com a boca.

O fogo de artifício estourou com tamanha força que atirou Bruno de costas no chão. Com o corpo todo trêmulo, ele ficou ali deitado; as quatro patas rígidas no ar. O sangue jorrava por todos os lados. Fumaça esgueirava-se pela sua boca, que era uma pasta de sangue. Metade do maxilar do animal havia sido arrancada.

Certo de que Bruno estava morto, Brian correu para ele. Mas o cachorro ainda respirava, embora obviamente sofresse dores excruciantes. Brian levantou-o cuidadosamente do chão e correu com ele para o veterinário. Embora tenha ficado para sempre desfigurado na tentativa de proteger Anne Marie, Bruno sobreviveu.

Os animais não se contentam em proteger as pessoas. Assim como Bruno, eles muitas vezes arriscam a vida, usam o próprio corpo como escudo e pagam um preço alto por isso. Seus atos de compaixão podem deixar marcas profundas.

Quando Lilian Woodside, de 79 anos, estava varrendo as folhas da frente de sua casa em Buffalo, Nova York, um cão akita de 36 quilos quebrou seu cercado, na casa do vizinho, avançou contra a senhora e a mordeu. Gritando, ela tentou se defender, mas o akita continuou atacando — até que Oliver, um pequenino yorkshire terrier de menos de 6 quilos que morava na vizinhança ouviu o tumulto e saiu em desabalada carreira para ajudar a senhora. Quando Oliver investiu contra o akita, este mordeu-o como se ele fosse um biscoito para cachorro. Oliver, porém, não bateu em retirada até que dois vizinhos que passavam de carro apartaram a briga e levaram a senhora para o hospital. Oliver, que precisou levar nove pontos, arriscou a vida para salvar alguém a quem nem sequer conhecia.

• Numa manhã de outono, em Scranton, Iowa, Richard Meiner deixou a porteira do chiqueiro aberta para que as porcas pudessem fazer um pouco de exercício. Ao lado dele estava Buddy, um basset hound de cinco meses que pertencia ao patrão de Richard. O filhote ficou tão assustado quanto Richard quando a porteira subitamente bateu numa leitoa de 250 quilos que escapara do cercado onde estava. Ela havia dado à luz uma ninhada de leitãozinhos e agora queria proteger os filhotes — e afugentar Richard do chiqueiro.

A porca guinchou irada, baixou a cabeça e investiu contra ele, enterrando os dentes no seu tornozelo. Richard gritou de dor, mas seu patrão não estava perto o suficiente para ouvir seus gritos. Então, Buddy veio em seu socorro, latindo e correndo em direção à porca.

A porca enfiou o focinho — sua maior arma — sob o corpinho de Buddy e arremessou-o contra a parede com uma força equivalente a 250 quilos. Apesar da dor, Buddy continuou rosnando e lutando com a porca até que Richard conseguisse correr para fora do chiqueiro e chamar o pai do patrão. Juntos, eles prenderam novamente a porca.

Às pressas, levaram Buddy para o veterinário, que enfaixou a perna quebrada do cãozinho. Pelo resto da vida Buddy mancou. Esse foi o preço que pagou por proteger Richard e enfrentar a força de uma porca furiosa.

• Chelsea, uma golden retriever, sentou-se uma noite aos pés de Chris Dittmar, enquanto ele conversava com os vizinhos, Bill e Jeannie Ridlehuber, na frente da casa deles, em Houston. Quatro sujeitos desocupados subiram a rua de carro, depois saíram do veículo e começaram a perambular pela calçada e entradas de carro do quarteirão.

— Sabe que horas são? — um deles perguntou a Chris.

A pergunta fez sua pele arrepiar. Prevendo que iria ser assaltado, sussurrou para que Jeannie entrasse em casa e chamasse a polícia.

O desordeiro começou a se afastar, então deu meia-volta e voltou. Dois deles apontaram um revólver para Chris e Bill.

— Venham para a rua! — ordenou um deles.

Antes que alguém pudesse se mexer, Chelsea arreganhou os dentes e rosnou. Então investiu contra um dos homens armados e mordeu-o no pescoço. O homem ficou tão aterrorizado que voltou a arma na direção da cachorra — e atirou. O sangue jorrou do peito de Chelsea que, mesmo assim, continuou lutando.

Bill e Chris correram para a garagem, tentando se proteger. O marginal atirou mais quatro vezes em Chelsea — em vez de atirar nos dois homens em fuga — e então correu para o carro. Com o andar vacilante, ela procurou um abrigo. Sozinha, não tinha quem a ajudasse.

Desesperado para encontrá-la, Chris carregou uma arma e saiu à procura dela na vizinhança. Com um nó no estômago, tentou encontrar coragem para vê-la morta.

Dois quarteirões depois, ele a viu tentando se esconder.

— Chelsea! — gritou aliviado.

A cadela andou mancando na direção dele e descansou a cabeça em seus joelhos. O sangue gotejava de seu pêlo. Um projétil do revólver calibre 38 surpreendentemente não tinha atingido nenhum osso ou órgão da cadelinha, mas alojara-se na parede torácica. Ela acabou se recuperando dos tiros que matariam as pessoas que tanto amava.

Quando Lisa Funderburk deu à luz sua filha Lyndsey, procupou-se com a possibilidade de seu cão mestiço de dachshund e beagle, Klutz, ficar com ciúmes. Mas logo notou que não tinha com que se preocupar, pois Klutz passou a demonstrar até mais devoção a Lyndsey do que à própria Lisa, muito embora ele já estivesse com ela havia oito anos.

Se Lyndsey choramingasse no berço, Klutz corria até Lisa, mordia a perna de sua calça e puxava-a até o bebê. Se Lisa não atendesse imediatamente, o cachorro se punha a latir e a correr em círculos em volta dela. Klutz também demonstrava o mesmo espírito protetor quando Lyndsey tentava engatinhar escada acima; ele a puxava pelos fundilhos da fralda e a fazia desistir do intento. Aos olhos dele, Lyndsey era sua responsabilidade.

Um pouco antes do Natal, quando a menininha tinha 3 anos de idade, ela levantou-se da mesa da cozinha, em Lehigh Acres, na Flórida, dizendo:

— Vou deixar Klutzie entrar!

Então ela abriu a porta que dava para o quintal e chamou por Klutz. O cachorro, no entanto, ao contrário do que sempre fazia, não se levantou do lugar onde costumava tomar sol na grama. Nem correu no seu passo gingado, sobre as perninhas curtas, cruzando a soleira da porta. Lyndsey deu um passo

para ir ao encontro dele, mas de repente parou, quando o viu dar um pulo, latindo para ela.

Klutz continuou a latir, batendo as patas contra o chão várias vezes, como se pulasse sobre alguma coisa. Nem Lisa nem seus pais levantaram-se da mesa para averiguar o que estava acontecendo, até que os latidos do cachorro de repente começaram a ficar estridentes e viraram uivos agudos e nervosos. Lisa correu para a porta e puxou Lyndsey para dentro a tempo de ouvir um chocalho, como se alguém sacudisse dados dentro de uma lata.

Uma cascavel estava enroscada sob um arbusto e pronta para dar o bote.

— Para trás! — Lisa gritou para Klutz.

Mas era tarde. O cão parou de latir e desmoronou no chão. Mesmo assim, ainda parecia determinado a proteger Lyndsey da cobra. Rolou para o lado e avançou sem firmeza em direção à serpente, para então cair novamente. Mais uma vez tentou se erguer e rastejou até ela. Mais uma vez a cobra o atingiu.

O sangue de Lisa congelou nas veias. Seu coração pareceu parar. Ela não podia ficar ali, assistindo a seu amado cãozinho morrer diante dela, sem ao menos tentar salvá-lo.

Passou a mão nas chaves do carro. Para conseguir chegar até Klutz sem passar pela cobra, ela teve de correr até a porta da frente e contornar a casa até os fundos, onde estava Klutz, espumando pela boca.

Embora incapaz de ficar de pé, ele não desistira. Ainda sacudia as patas na direção da cobra, tentando enfrentá-la.

Lisa pegou o cachorro no colo, correu para o carro e deitou-o no banco ao lado dela. Enquanto disparava para a clínica veterinária mais próxima, a 3 quilômetros, implorou a Klutz:

— Não morra! Por favor, não morra!

O Natal estava chegando, ela o lembrou.

— Você tem de abrir os presentes. Vou dar a você uma caminha nova e um bichinho de borracha! Não morra!

Klutz, mal conseguindo respirar, tremia violentamente. Seus olhos rolavam nas órbitas e ele começou a ter convulsões.

Como ela poderia ajudá-lo? Sempre que *ela* estava doente, Klutz subia em seu colo e se recusava a sair até que ela se sentisse melhor. Ele era tão ligado a ela que uma vez adivinhara que ela estava delirando, mesmo estando a quilômetros do pronto-socorro em que ela era atendida. Justo no momento em que ela o chamara pelo nome no hospital, ele a "ouvira" chamar e fora raspar a porta do quarto dela com tamanho desespero que suas patas chegaram a sangrar. O que ela poderia fazer agora para retribuir essa devoção?

Na clínica, o dr. Darry Griebel colocou Klutz sobre uma mesa metálica e examinou-o. A cobra o mordera duas vezes, na pálpebra e na pupila. Griebel mediu a distância entre as presas da serpente e constatou que era de 10 centímetros.

O veterinário explicou a Lisa que, à medida que a cobra cresce as presas vão se distanciando uma da outra.

— Essa cobra devia ser das grandes! Pelo menos 1 metro e meio.

Quanto maior a cobra, mais veneno ela distila na picada, ele explicou. E quanto mais velho o cachorro, menos força ele tem para resistir ao veneno. Aos 11 anos, Klutz estava em grande desvantagem.

— Não estou certo se devemos tentar salvá-lo — disse Griebel com tristeza.

— *Temos* de salvá-lo! — contestou Lisa. — Faça o que for possível! Não importa quanto vá custar.

O veterinário ministrou no cãozinho antibióticos intravenosos e duas doses de antídoto. Depois colocou-o numa gaiola, mantendo-o sob cuidadosa observação.

— As primeiras 48 horas são as mais perigosas — avisou. — Se ele não morrer em dois dias, é bem provável que agüentará.

Lisa amava Klutz de tal forma, que não tinha certeza se *ela* iria agüentar. Dois dias pareciam dois anos. Sentada ao lado da gaiola de Klutz, com as lágrimas rolando, ela se recordou de todos os momentos em que ele lhe tinha lambido as bochechas.

— Você não pode morrer desta forma — ela não parava de dizer a Klutz. — Não vou agüentar se você morrer por tentar salvar Lyndsey.

Klutz tentou virar a cabeça para lamber a mão dela, mas não conseguiu. A cabeça e o pescoço do animalzinho estavam tão inchados que mais pareciam os de um são-bernardo; o corpo inteiro estava inchado. Ele fechou os olhos e isolou-se no seu mundo de dor.

Lisa levantou-se para ir embora; assim ele poderia descansar.

— Você tem de agüentar firme! — ela sussurrou. — Você tem de ir para casa!

Ela voltou para casa com a intenção de pegar o cartão de crédito da mãe para pagar Griebel (e soube que o pai tinha matado a cobra com uma pá). Ao voltar para a clínica, levou para Klutz um ursinho de pelúcia e pendurou no pescoço dele uma medalhinha com um coração e duas mãos em posição de prece. Quando colocou o ursinho ao lado de Klutz, na gaiola, ele abriu os olhos e tentou chegar mais perto dela — mas não conseguiu se mover. Em vez disso choramingou. As lágrimas rolavam pelas faces de Lisa.

No dia seguinte, Lisa voltou à clínica levando para ele uma comidinha especial que a mãe dela havia preparado e acondicionado em tigelas de plástico; espaguete com almôndegas, hambúrguer e arroz, ovos mexidos e torta de maçãs. Pela primeira vez desde que estava na clínica, Klutz comeu — sem mostrar muita fome, mas com interesse. As primeiras 24 horas das 48 de perigo já haviam passado.

As 24 horas seguintes também transcorreram sem grandes novidades. Klutz parecia estar vencendo a batalha pela vida. O inchaço tinha diminuído o suficiente para que ele pudesse sentar sobre o traseiro roliço ou ficar de pé, com a barriga, como sempre, a poucos centímetros do chão. Ele já estendia as patas para Lisa.

— Você é um cãozinho maravilhoso! — ela dizia entre afagos.

Embora ele parecesse muito melhor, ela evitou por alguns dias levar Lyndsey para visitá-lo. A mãe tinha medo de que a cabeça estufada e a fraqueza de Klutz assustassem a menina. Mas, na noite de Natal, ele parecia estar tão bem que o veterinário consentiu que Lisa o levasse para casa. Alerta e cheio de ansiedade, Klutz cruzou o gramado da clínica, em direção ao carro de Lisa.

Quando o cão chegou em casa e viu Lyndsey, ganiu cheio de alegria, sacudiu o rabo e pôs-se a lambê-la. Lisa colocou-o entre cobertas e travesseiros num cercadinho, de forma que a garotinha pudesse sentar-se do lado de fora e conversar com ele. Sempre que ela saía da sala, Klutz, sem poder segui-la, choramingava tanto que ela corria de volta. Lyndsey cantou para ele e tagarelou longamente sobre o Natal.

Um pouco antes da meia-noite, a família saiu para ir à missa e agradeceu a Deus por Klutz, que parecia recuperado. Quando voltaram para casa, no entanto, ele estava mal outra vez. Ofegante, mal conseguia respirar. Seu coração batia mais do que o normal e os olhos ficaram embaciados. Pelo resto da noite, Lisa ficou ao lado dele, acariciando-o e rezando.

Na manhã de Natal, ela chamou o veterinário.

— Klutz não parece nada bem. — O nó que se formara na garganta dela quase a impedia de falar.

— Leve-o ao meu consultório. Encontro vocês lá.

Lisa ficou encantada ao ver que, mesmo no dia de Natal, Griebel dispusera-se a deixar a família para ajudar Klutz. Ele pegou o cãozinho no colo e deitou-o na mesa de exames.

— Ele teve complicações por causa do antídoto — concluiu Griebel. — Precisa de uma transfusão de sangue.

Depois disso, nada mais podia ser feito por Klutz, exceto esperar e ver o que acontecia.

Para Lisa, Lyndsey, os pais de Lisa e Griebel essa espera foi uma agonia. Às 4 horas da manhã, Klutz morreu.

Às 6 horas, Griebel, que não saíra do lado de Klutz havia quase 24 horas, chamou Lisa e disse-lhe que Klutz se fora.

— Ele deu a vida por Lyndsey — disse ele.

A garotinha pesava 12 quilos, exatamente o mesmo que Klutz. Levá-la ao hospital — 8 quilômetros mais distante do que a clínica de Griebel —, a tempo de salvá-la, teria sido impossível. Se a cobra a tivesse picado, a menina teria morrido. Quando Klutz atacara a serpente, ele salvara Lyndsey da morte.

Por Lyndsey, ele também tentara resistir o quanto pôde.

— Ele precisou de muita força para ir para casa e certificar-se de que ela estava bem — Griebel disse a Lisa. — Depois disso, pôde morrer em paz.

Klutz morreu sabendo que conseguira proteger Lyndsey.

CAPÍTULO DEZ

Agentes de Cura Naturais

Como disse Florence Nightingale, "Um bichinho de estimação é uma ótima companhia para quem está doente". Os benefícios que ela reconheceu instintivamente têm sido hoje provados por pesquisas na área médica. A mera presença de um animal diminui não só o nível de ansiedade, por exemplo, mas também a pressão sangüínea, o batimento cardíaco e até mesmo o colesterol. Estudos mostram que as pessoas que têm animais em casa, em comparação com as que não têm, vão muito menos ao médico ao longo do ano e têm muito mais chance de sobreviver, mesmo depois de um tratamento cardíaco intensivo.

Todos esses estudos enfatizam algo em que muitas pessoas sempre acreditaram: os animais às vezes podem literalmente curar as pessoas de doenças físicas. Eles fazem isso sentindo que há algo errado e então tentando ajudar. A compaixão dessas criaturas é um remédio inestimável.

• Na revista *Alert*, Andrea Leigh Ptak dá um exemplo desse remédio. Emma, uma cadela da raça lhasa apso, pertencia a uma senhora que já tentara tudo que o médico recomendara para curar suas enxaquecas. Nada funcionara. No entanto, quando Emma pulava no colo dela para receber carinho, as dores de cabeça diminuíam — e às vezes chegavam a passar por completo. A explicação do médico: o corpo da cachorrinha, ao aquecer a mão da dona, diminuía o fluxo de sangue no cérebro, diminuindo a hemorragia vascular *e* a dor. E não menos importante era o fato de que Emma oferecia conforto emocional à dona e a tranqüilizava. Sempre que tinha de ir a lugares onde a iluminação intensa poderia causar uma enxaqueca, ela costumava levar Emma, seu remédio de quatro patas.

- Handsome, um gato persa de pêlo macio, fora levado a uma casa de repouso para fazer companhia a Marie, que se sentia solitária e deprimida. Ela lidava com suas emoções curvando o corpo numa posição fetal e recusando-se a falar com quem quer que fosse. Marie passava o tempo todo coçando as feridas que tinha nas pernas. Ao que parece, Handsome queria que Marie ficasse boa. Toda vez que ela coçava as pernas, ele pulava nas mãos dela, forçando-a a parar. Em poucas semanas, as feridas se foram — assim como a depressão de Marie e seu hábito de se isolar de todos. Agora, sempre que tem com quem conversar, ela não pára de falar sobre seu amado gatinho.

- Alpha, uma gato rajado laranja mencionado na revista *Cat Fancy*, parecia preocupado ao ver a dona acordar no meio da noite por causa de uma dor de estômago. Quando ela se levantou da cama, Alpha saiu do lugar onde dormia e pressionou o corpo contra o dela.

  Ela então disse ao gato que seu estômago doía; Alpha agiu como se tivesse entendido. Olhando preocupado para ela com seus olhos laranja, ronronou e tocou o estômago dela exatamente onde estava doendo. De alguma forma, o suave afago do animal fez com que ela se sentisse melhor. Quando se deitou novamente, já não sentia nenhuma dor.

Mickey Niego tinha ataques de asma e enxaquecas tão terríveis que teve de pedir demissão do emprego em Manhattan; ela se sentia mal o tempo todo. Uma amiga lhe deu Jake, um filhote da raça bullmastiff, para lhe fazer companhia durante a convalescença. Em vez de lhe levantar o moral, o *cachorro* ficou ainda mais doente que a própria Mickey. Ela cuidou dele quando teve pneumonia, parvovírus e um tipo de raiva.

— Quando ficou bom, os papéis se inverteram — contou Mickey. — E Jake tornou-se meu agente de cura e "parente mais próximo".

Quando iam juntos às compras, algo que ela detestava e costumava evitar ao máximo, ele caminhava ao lado dela, como que esperando um dos ataques de tosse asmática que ela costumava ter. Quando Mickey começava a tossir, ele apoiava o corpo contra o dela, obrigando-a a diminuir o passo e fazendo-a respirar no mesmo ritmo dele, o que ela fazia colocando a mão no pescoço do animal.

— Tocar o pêlo de Jake — conta ela — era como fechar um circuito ligando-me a um fio-terra. A asma ia embora na hora.

Meses depois, ela se sentiu bem o suficiente para arranjar um emprego numa emissora de TV, embora temesse as dores de cabeça que tinha sempre que percorria de carro a longa distância até o trabalho. Enquanto dirigia pela cidade, Jake, deitado no banco do passageiro ao lado dela, descansava a cabeça em seu colo.

— Sua respiração lenta e relaxante era como ondinhas no mar — ela dizia. Mickey acariciava a cabeça dele e absorvia a calma que o cão irradiava. Assim as enxaquecas logo iam embora.

O trabalho de Mickey exigia que ela fizesse algumas entrevistas ao vivo para a TV. Enquanto se preparava para a primeira delas, seu estômago começou a revirar de ansiedade, o que no passado costumava deixá-la completamente nauseada. Mas Jake cutucou-a com a cabeça — um sinal, pensou Mickey, para que ela fosse em frente e fizesse a entrevista. Mostrando companheirismo e ansiedade, ele enfrentou as câmeras junto com ela. Quando ficava nervosa, ele olhava para ela com um olhar de compreensão e estímulo. Logo seu estômago parou de dar voltas.

Um dia Mickey percebeu que não tomava seu remédio de asma havia meses. Suas enxaquecas também foram ficando mais espaçadas, até que nunca mais voltaram.

— Os olhos de Jake me diziam: "Amo você. Nunca deixarei que algo lhe aconteça" — conta ela. — A presença dele era como grandes braços fortes que me envolviam e protegiam.

A presença reconfortante de Jake a havia curado.

Quando Joan Price dirigia numa rua perto de sua casa em Sebastopol, Califórnia, um outro carro bateu de frente com o dela. Uma das pernas de Joan sofreu uma grave fratura e seu pé foi quase decepado. Depois de dez dias no hospital, ela foi para casa deprimida, com raiva e traumatizada pela experiência. À noite, tinha pesadelos recorrentes sobre o acidente. Durante o dia, mesmo quando tomava os remédios prescritos, sentia dor constantemente.

— Sinto como se as minhas pernas queimassem — lamentou-se ela a uma amiga.

Como Joan morava sozinha, seus amigos olhavam por ela e lhe levavam comida. E sua gata de olhos dourados, Ylla, uma independente bolinha de pêlo, também a ajudava a se recuperar — muito embora, antes do acidente, costumasse se recusar a sentar-se no colo da dona ou a dormir na cama dela.

Antes de ir morar na casa de Joan, Illa pertencera a um homem que não demonstrava nenhum respeito ou amor pelos gatos. Ele havia deixado que seu cachorro a mordesse e a atirara contra a porta quando ela tentara aconchegar-se a ele. Para se livrar dela, de uma vez por todas, ele a levara para o vizinho de Joan.

— Você tem de ficar com ela — ele insistira. — Se eu ficar, acabo matando esta gata.

Quando a gata perambulou pelo quintal de Joan e olhou para ela com um olhar desesperado, ela soube que tinha de salvar o animalzinho. Então a levou para casa.

Embora Ylla fosse extremamente afetuosa, sempre mantinha distância. Quer dizer, até o acidente. Quando Joan chegou do hospital, a gata pulou na cama dela, cheirou sua perna e deitou sobre seu peito. Dia e noite, Ylla ficava feito uma galinha choca sobre Joan, ronronando sem parar. Se Joan se virasse ou mudasse de posição, Ylla fazia o mesmo, para se acomodar melhor. Sem desgrudar de Joan um instante sequer, a gata só deixava seu posto para comer ou passear pelo quintal.

O amor e a atenção constantes de Ylla não deixaram que Joan se sentisse sozinha. A gata em seus braços também a ajudou a acreditar que ela se recuperaria. Poucas semanas depois de deixar o hospital, Joan já conseguia sair da cama por breves períodos. Então, por vários meses, mancou apoiada em muletas. Enquanto Joan recuperava as forças, Ylla lhe fez companhia, dando-lhe seu apoio e curando-a com seu suave ronronar.

— Pegue o gato! Pegue o gato! — dizia o amigo de Michelle, empurrando um filhote laranja e branco na direção dela. — Ele está doente. A mãe deve tê-lo abandonado. Você pode dizer que ele estava prestes a morrer de fome.

— Mas eu não quero! — retorquiu Michelle mal-humorada.

— Pegue-o!

— Dá muito trabalho!

— Então fique com ele até encontrar alguém que o adote. Se você não fizer isso, ele vai morrer!

Michelle sentia-se como se ela própria fosse morrer. Aos 32 anos, abusara das drogas e do álcool por oito anos. Ela passava a maior parte do tempo sentindo-se tão mal que o amigo a levara para um alojamento em Woodstock, Nova York, para que pudesse ficar na cama e recuperar as forças. Seu mundo emocional também estava desmoronando. Naquele outono ela saíra na rua e percebera que o verão tinha passado sem que sequer notasse. Doente e chorando o dia todo, Michelle tentara até o suicídio.

— Não estou nem aí para este filhote — disse ao amigo.

O animal acomodou-se na cama dela.

Michelle examinou a patética criatura. Ele estava sujo e tão fraco e doente quanto ela. Ela concordou em ficar com o gato, mas só até ele ficar bom; então o daria a alguém. Para não se apegar a ele, Michelle recusou-se a dar-lhe um nome.

Poucos dias depois, ela jogou as roupas numa mala para voltar para a cidade de Nova York. O filhote estava deitado na cama sobre uma pilha de roupas. No caminho, ele parecia tão fraco e debilitado que Michelle e o amigo resolveram parar para levá-lo ao veterinário.

— Ele só tem 50 por cento de chance de sobreviver — disse ele.

O veterinário deu a Michelle uma garrafa de leite para filhotes para que ele resistisse até chegar a Manhattan e a aconselhou a levá-lo a um veterinário perto de casa assim que possível.

Ela deu o leite ao filhote no carro e procurou não se preocupar com a idéia de ele morrer ou não. Ela não tinha energia para ser enfermeira de gato, disse a si mesma. Aquele gato teria de se virar sozinho, ou então morreria mesmo.

Um veterinário de Manhattan tratou dele com antibióticos. Michelle o levou para morar em seu apartamento de um cômodo, alimentou-o com o leite para filhotes e aos poucos o foi desmamando, substituindo o leite por queijo *cottage* e ovos. Ele cresceu apegado a Michelle, como se ela fosse sua mãe. O filhote a seguia aonde quer que ela fosse e parecia vicejar sob os cuidados dela.

Então um dia um dos olhos do gatinho começou a se encher de secreções. Michelle o levou ao veterinário, que diagnosticou uma grave infecção.

— Será preciso remover o olho dele — concluiu ele.

Durante a cirurgia, Michelle andava de lá para cá em seu apartamento, preocupada. Ela bebeu vodca com água tônica e folheou revistas antigas. No dia seguinte, quando levou para casa o filhotinho de um olho só, deu a ele o nome de Cyclops. Depois encurtou o nome para Clopsy e admitiu a si mesma que nunca daria o filhote para ninguém. Ele era seu, para sempre.

Quando Michele se deitava na cama, tentando reunir forças para parar de beber, ficar bem e dar uma virada em sua vida, Clopsy aconchegava-se no braço dela e sugava sua camisa suada. Todo dia ele deixava uma mancha de saliva na frente da blusa dela. Semana após semana, o cesto de roupa ia se enchendo com blusas, pijamas, *tops* e suéteres úmidos, porque Clopsy insistia em mamar no tecido.

Era evidente que o filhote precisava dela. Lentamente, dia após dia, Clopsy fez com que Michelle passasse a ser uma pessoa mais responsável.

— Venha para casa. Venha morar comigo — oferecia a mãe de Michelle. — Eu cuidarei de você. Você pode fazer um tratamento de desintoxicação.

— Estou apavorada!

Mas Michelle finalmente concordou e mudou-se, com Clopsy, para a casa da mãe. Nos meses que se seguiram, submeteu-se ao tratamento de reabilitação e desintoxicação, então começou a dar palestras nas reuniões dos Alcoólicos Anônimos. O longo inverno de abuso de drogas lentamente degelou-se numa primavera de muita saúde.

A cura de Michelle, no entanto, não ocorreu sem recaídas ocasionais. Ela passava mal constantemente e muitas vezes ficava o dia inteiro na cama. Vivia tão deprimida e assustada que trancava-se no banheiro e recusava-se a falar com quem quer que fosse. Mas, independentemente de como se comportasse, o leal Clopsy estava sempre ao lado dela na cama.

A todo lugar que ia, fosse ao banheiro ou à cozinha, ele a seguia. Parecia estar tentando mostrar-lhe como ela era importante para ele. Em vez de só receber os cuidados da dona, ele os retribuía, dando-lhe paz de espírito.

Quando Michelle finalmente conseguiu livrar-se do álcool e recuperou as forças, ela e Clopsy mudaram-se para o apartamento dela. Ela arranjou um emprego e, anos depois, encontrou também um homem que se tornou seu marido. Todas as mudanças positivas, disse Michelle a ele, ocorreram graças ao seu gato laranja e branco.

— Ele me ensinou que sou capaz de me importar com alguma coisa — disse ela.

Agora, mesmo transformado num gato corpulento, Clopsy ainda se enrosca como um bebê nos braços de Michelle e suga a blusa dela. Mas ele não a *suga* apenas; cuida dela também.

— Sempre posso contar com ele — diz Michelle. — Clopsy me ama incondicionalmente.

Clopsy retribuiu tudo que Michelle fez por ele quando era um frágil filhote, tornando-se ele também um agente de sua cura.

CAPÍTULO ONZE

Na Rota do Perigo

O marido de Cheryl Essex estava fora da cidade, viajando a trabalho. Numa noite, bem tarde, ela se sentou na cozinha para telefonar a uma amiga. Enquanto conversavam, Rosie, sua cadelinha mestiça de schnauzer e terrier, lutava para abrir a porta da área de serviço do prédio. Com um ar pensativo, ela pressionava o focinho contra o vidro e latia.

— Quieta, Rosie! — ordenou Cheryl, voltando a falar ao telefone.

Mas Rosie não ficou quieta. Em vez disso lançou-se contra a porta da frente e latiu novamente. Como Cheryl continuasse a ignorá-la, a cachorra entrou na cozinha e latiu diretamente para a dona, como se implorasse para que ela prestasse atenção. Mas Cheryl se recusava a deixar o telefone.

Rosie então ficou transtornada; corria sem parar da porta da cozinha para a da sala. Vendo que Cheryl continuava mesmo assim a falar com a amiga, parou seus latidos estridentes e passou a emitir um rosnado gutural e profundo. Seu pêlo estava eriçado.

— Ligo para você depois. Deve haver algo errado — disse Cheryl à amiga. — Ou Rosie não está passando bem ou algo aconteceu lá embaixo na garagem.

A cachorra, no entanto, não parecia nem um pouco doente. Mas, com as janelas fechadas e o ar-condicionado ligado, ela também não tinha como saber o que estava acontecendo no andar de baixo. Como, dois dias antes, a polícia tinha prendido quatro arruaceiros arrombando carros na garagem, Cheryl ficou preocupada com a possibilidade de algo acontecer ao seu carro. Decidiu então descer e averiguar.

No mesmo instante em que Cheryl abriu a porta da frente, Rosie disparou para baixo, descendo os três lances de escada como se tivesse um compromisso urgente a cumprir. Depois, rosnando, esperou no último degrau, até que a dona a alcançasse. Rosie assumiu uma atitude protetora. Uivou ao escutar um barulho nas árvores ali perto, correu na direção delas e desapareceu na escuridão. Cheryl sentiu no ar um cheiro de gasolina e correu para seu carro. Alguém o tinha arrombado e tentado roubar o rádio. Uma garrafa de leite cheia de gasolina estava jogada no asfalto, no meio de uma grande poça de gasolina.

Quando Rosie correu de volta para a garagem, Cheryl percebeu que alguém tentara incendiar os três prédios do seu condomínio. Também se deu conta de que a cachorra tinha tentando desesperadamente mantê-la a salvo. Cheryl então pegou Rosie no colo, correu escada acima e chamou a polícia. Com a cadelinha ainda nos braços, Cheryl e um vizinho bateram em todas as portas do prédio e acordaram os outros moradores. Quando se reuniram na garagem, um vizinho contou que encontrara toalhas embebidas de gasolina enroladas junto às escadas.

A polícia supôs que a gangue tinha voltado para vingar-se da prisão dos quatro membros, pegos em flagrante duas noites antes. Um simples palito de fósforo aceso jogado sobre as toalhas encharcadas de gasolina teria incendiado os prédios e pego desprevenidos os moradores, muitos deles idosos. Embora a polícia nunca tenha conseguido pegar os incendiários, Rosie pelo menos os tinha pego no ato e os afugentado, salvando 120 pessoas.

Embora se espere que o cães latam para incendiários, ladrões e intrusos, ninguém espera que os gatos avisem alguém de um crime iminente. No entanto, eles são capazes disso. Assim como os cães, os gatos podem demonstrar uma atitude extremamente protetora com relação às pessoas a quem são ligados emocionalmente.

- Na revista *Cat Fancy*, David Blume comenta sobre um casal que notou, uma noite, que seu gato cálico pulava de uma janela para outra, no quarto deles. Embora no momento eles não tenham tentado descobrir o que parecia aborrecer o gato, na manhã seguinte, lamentaram não ter feito isso, pois alguém tinha roubado a bateria do carro deles.

- Blume também relatou a história de uma senhora idosa que uma noite ouviu uma batida na porta. Quando acendeu a luz da varanda para atender à porta, seu gato, Tug, agiu de forma estranha. Pulou sobre uma cadeira junto à porta, arqueou o corpo e arqueou as orelhas para trás. O pêlo das costas então se eriçou feito pequenas agulhas.

A velha senhora abriu a porta e deu de cara com uma moça. Esta lhe perguntou se podia usar o telefone para pedir ajuda, porque seu carro tinha quebrado a poucos metros dali.

A dona da casa olhou de relance para Tug, que parecia pronto para desferir um ataque e enterrar as unhas na inimiga até a morte. Ela então decidiu não deixar a estranha entrar, dizendo que não tinha telefone. Fechou a porta e passou a chave.

No dia seguinte, soube que dois homens estavam escondidos atrás da casa dela, quando a moça bateu à porta. Poucas horas depois disso, um senhor idoso tinha sido assassinado cerca de 1 quilômetro dali. A dona de Tug então chamou a polícia e, uma semana depois, eles prenderam a jovem e seus dois comparsas. Os três confessaram o assassinato.

• Lauren MacLaren dormia a sono alto enquanto sua gata preta e amarela, chamada Cali, descansava no parapeito da janela, como sempre fazia. Lauren tinha pego Cali num abrigo de animais em Toronto, depois que o filhote sofrera maus-tratos.

A gata olhava através da vidraça para a noite escura, observando um homem que cruzara a entrada de carro e dirigia-se furtivamente para as escadas da varanda, depois de passar rente à janela do quarto de Lauren.

Cali empertigou as orelhas. Sabia que algo estava errado. Quando o homem girou a maçaneta da porta, ela pulou na cama de Lauren e miou alto. A gata pulou sobre ela várias vezes até que a dona abriu os olhos e ouviu o intruso dando pancadas na porta, quase arrombando-a.

Com o coração na boca, Lauren observou a maçaneta girar à luz da lua. Para evitar que o homem percebesse que ela estava acordada, correu na ponta dos pés até outro quarto e chamou a polícia, que prendeu-o na entrada dos fundos. Só então Cali voltou para seu posto de guarda, no parapeito da janela.

Os animais fazem mais do que alertar para um crime iminente. Eles muitas vezes entram em cena e defendem as pessoas que amam de ladrões, estupradores e assassinos. O que é tão espantoso com relação a essas atitudes de defesa é a disposição que demonstram para enfrentar oponentes praticamente invencíveis e sofrer as conseqüências. A preocupação desses animais supera até mesmo seu instinto de preservação.

• Tinkerbelle, uma vira-lata de Indianapolis, com menos de 6 quilos, vigiava Tim Dawson, de 10 anos, que não fora à escola por estar doente. Quando um homem invadiu sua casa, a pequena Tinkerbelle agarrou com os dentes a perna da calça do ladrão, pulou sobre ele e mordeu-lhe a mão. A ferocidade da criaturinha pôs o homem para correr.

• Uma noite, o pastor alemão Meatball seguiu a senhora Robert Keith até sua estufa em Morris, Alabama. Depois de falar com a mãe ao telefone, ela ouviu um clique e percebeu que alguém pegara a extensão. Ao encontrarem um estranho, o cachorro atirou-se sobre ele e afugentou-o para o carro. Mas, antes que o assaltante pudesse fechar a porta do veículo, Meetball mordeu sua perna e segurou-a — mesmo quando o homem arrancou com o carro e acelerou. O carro arrastou o cão pelo asfalto, quebrando suas unhas e machucando as almofadinhas das patas. Mesmo assim, ele continuou a proteger sua dona.

- Brandy, um filhote da raça spring spaniel, atacou um assaltante adolescente que arrombava a casa onde morava. O garoto deu um tiro na dona da casa e então alvejou Brandy no peito, no maxilar, na barriga e nas pernas. Mesmo perdendo muito sangue e sentindo dores horríveis, o filhote ainda estava determinado a salvar sua dona. Afugentou o ladrão para fora da casa, onde a polícia acabou matando-o a tiros. O cãozinho aos poucos ficou bom.

Oskar, um retriever de chesapeake bay, era um cachorro extremamente sociável. Desde que tinha apenas sete semanas, ele passeava de barco, andava de teleférico em pistas de esqui no gelo e dormia aos pés de Chris Eschenberg nas noites de festa. Latindo de alegria, Oskar pulava sobre os amigos de Chris, como se fossem *seus* amigos. Ele parecia certo de que todo mundo era digno de confiança.

É claro que, para Oskar, Chris era a melhor pessoa do mundo. No mesmo instante que o dono entrava na garagem de sua casa em New Orleans, Oskar gania e latia, para que ele entrasse logo em casa. Assim que Chris cruzava a porta da frente, Oskar pulava sobre ele, choramingando e latindo, cheio de alegria. Os cumprimentos eram uma rotina.

Tanto eram rotina que Chris ficou logo preocupado quando chegou em casa uma noite e encontrou a casa em silêncio. Saiu do carro, cruzando o caminho estreito que levava à porta da frente. Em vez dos latidos de Oskar, ouviu alguém sussurrando e resmungando atrás a porta. Provavelmente um mendigo tinha entrado na garagem, procurando abrigo para passar a noite, pensou Chris preocupado. Mas a noite estava escura demais para enxergar alguma coisa. Chris apressou-se em direção à porta.

Um homem apareceu e apontou uma arma para ele:

— Ei, cara, vá entrando na casa!— ordenou.

O homem parecia nervoso e enfraquecido. Chris, que era médico, percebeu que o estranho fumara *crack* e presumiu que iria ser assaltado pela *terceira* vez em poucos meses. Mas dessa vez a coisa seria pior — em vez de simplesmente levar sua carteira e correr, o homem entraria em sua casa.

Oskar estaria esperando para começar suas eufóricas boas-vindas. Tão logo Chris girasse a chave na porta, o cachorro latiria extasiado, tão ansioso para ver o ladrão quanto ficava com qualquer amigo do dono. O homem, no entanto, ficaria aterrorizado e atiraria em Oskar. Abrir a porta seria sua sentença de morte.

Chris não tinha escolha; o homem apontava uma arma para ele e mandava que entrasse. Com a adrenalina correndo nas veias, Chris destrancou a porta e abriu uma fresta. Oskar não parecia estar em lugar nenhum. Chris acabou de abrir a porta e não viu nem traço do cachorro.

Morto de preocupação, Chris cruzou a soleira e o ladrão o seguiu. Oskar, sem dar um pio, saltou sobre o homem, mordeu-lhe o braço, sacudindo-o violentamente. O ladrão, aos gritos, jogou a arma longe e bateu em Chris na lateral da cabeça. Então pulou a cerca da casa e fugiu.

Chris acendeu a luz do vestíbulo e viu Oskar numa poça de sangue. Havia sangue espalhado pela sua cara, no peito, nas pernas e nas patas.

— Ele atirou em você! — com a adrenalina correndo nas veias, curvou-se para examinar o cachorro, mas não encontrou nenhum ferimento.

Oskar estava coberto não com o próprio sangue, mas com o sangue do bandido. Esse cachorro certamente sabia a diferença entre um amigo e um inimigo.

Uma porca de 135 quilos, criada por Rick Charles desde que era um leitoazinha, vivia no seu cercado trancado por uma corrente, perto de Houston. Ela era um membro manso e dócil da família. Durante o dia, fossava a lama e brincava com os filhos de Rick; à noite, dormia sobre enormes pilhas de folhas.

Uma manhã, quatro assaltantes irromperam na vizinhança. Eles batiam na porta das casas e, se ninguém atendesse, arrombavam-nas a pontapés, roubando o que encontravam pela frente. Ali pelo meio-dia, os homens já tinham lotado uma caminhonete roubada com móveis, jóias, coleções de moedas e equipamentos eletrônicos.

Os ladrões partiram no veículo numa tal velocidade que um policial de Houston localizou a caminhonete com o radar e os perseguiu para aplicar uma multa por excesso de velocidade. Mas os bandidos pensaram que o carro de polícia estava em seu encalço por causa do saque e da caminhonete roubada. Na ânsia de fugir, o motorista acelerou ainda mais — e abalroou outro carro.

O guincho dos pneus e o estrago nos pára-choques não foram o suficiente para deter os ladrões. Eles saltaram do veículo e fugiram a pé. Os policiais que os perseguiam usaram o rádio para pedir reforço. Logo, vinte homens chegaram e espalharam-se por todo o bairro.

Um dos ladrões encontrou um esconderijo numa casa próxima de onde a porca de Rick chafurdava na lama. Quando a polícia cercou o local, o ladrão correu para o quintal dos fundos e pulou o cercado. No melhor dos casos, ele pretendia se esconder sob a pilha de folhas. No pior, iria arrombar a casa de Rick, fazer a família como refém e armar uma fuga no carro deles.

Qualquer que fosse o plano do ladrão, a porca não estava disposta a colaborar. Para proteger a família, ela investiu contra o fugitivo, jogando todo peso do seu enorme corpo sobre ele, e mordeu sua perna. O sangue jorrou da ferida. Quando ele gritou e tentou correr, ela o derrubou, prensou-o contra o chão e ficou olhando para ele com uma expressão ameaçadora. Enquanto a polícia não chegou, ela esquentou com seu bafo quente a barba malfeita do ladrão, sem deixar que ele se movesse.

Donald Morgan, um policial aposentado, fingiu dar um tapa na mulher, Pat. Ela, por sua vez, fingiu sentir uma dor horrível; deu um grito desesperado e "tentou" afastar o marido à força.

Yogi, o pastor alemão do casal, ouviu o ataque encenado e disparou. Rosnando e arreganhando os dentes, o cão mostrou seu ponto de vista: seria melhor Donald parar com os tapas. Como o dono ousou não fazer o que ele queria, Yogi puxou seu braço e mordeu de leve a mão dele. Como não adiantou, o cachorro pulou sobre Donald, deixando claro que estava prestes a atacar de verdade.

— Queria saber o que aconteceria se um homem realmente me atacasse. — comentou Pat, depois de uma dessas sessões de treinamento. — Você acha que Yogi realmente conseguiria afugentar alguém?

— Não sei, não — respondeu Donald.

O casal preferia que nunca tivesse que descobrir.

Quando Donald morreu, Pat continuou vivendo com Yogi numa isolada casa à beira de um lago, perto de Abilene, Texas. Uma noite, depois de se arrumar para dormir, pôs Yogi no canil e voltou para o quarto. De repente ouviu alguém na porta da frente. Como estava trancada, calculou que teria tempo suficiente para trazer Yogi de volta para dentro da casa, se necessitasse de proteção. Pegou então o telefone sem fio para o caso de precisar chamar a polícia e foi até a porta para ver quem era. Um homem estava parado no meio da sala.

Pat ficou tão surpresa que derrubou o telefone antes de conseguir completar a ligação para a polícia. Então correu para a porta dos fundos para pegar Yogi, mas o homem a deteve. Sem dizer palavra, deu um soco tão violento no rosto dela que ela cambaleou de volta para o quarto.

Estendida no chão, disse a si mesma: "Vou morrer. Donald se foi no ano passado e agora chegou a minha vez".

Yogi era sua única chance de sobreviver. Mas trancado no canil, o cão teria de usar todas as suas forças para chegar até ela — *se é que* ele de fato tentaria fazer isso. Enquanto ela gritava por Yogi, o homem caiu sobre ela e a esbofeteou várias vezes. Depois tentou arrancar a parte de cima do pijama dela e rasgar o tecido. Pat chutava-o, arranhava-o com as unhas e gritava.

— Yogi! Yogi!

— Alô? Alô? Alô!! — A voz da telefonista do outro lado do fone caído no chão era abafada pelos gritos de Pat.

O homem a espancava sem dizer coisa alguma. Enrolou uma meia-calça no pescoço dela e tentou asfixiá-la. Sem ar, ela foi ficando cada vez mais fraca, quase perdendo os sentidos. Quando tentava chamar Yogi pela última vez, o homem colocou uma faca em sua garganta e cortou-a. O sangue escorreu pelo pescoço dela.

Do lado de fora, Yogi ouviu o chamado de Pat. O cachorro então pulou sobre o canil trancado a cadeado e disparou em direção à casa, jogando-se contra a porta de tela da varanda. Quando viu que uma pesada porta metálica o impedia de entrar na cozinha, ele tomou distância e arremessou-se de encontro a ela várias vezes até que a fechadura quebrou.

Yogi então disparou para o quarto. O cachorro rosnou, latiu e acabou com as quatro patas sobre o homem, pressionando-o contra o chão. Quando este o chutou para longe, Yogi ganiu de dor, mas não desistiu do ataque. A força do animal acabou sobrepujando o marginal que, ficando em pé num pulo, tentou em vão escapar. Yogi enterrou os dentes em sua perna, recusando-se a soltar.

Pat, sabendo que estava a salvo na companhia de Yogi, perdeu a consciência. Quando recobrou os sentidos, o cão ainda tentava protegê-la latindo e rosnando — mas, desta vez, para a polícia. A telefonista ouvira os gritos de Pat e notificara a polícia.

— Senhora Morgan! Sra. Morgan! — gritava um dos policiais do lado de fora da janela. — Seu cão não nos deixa entrar para ajudá-la!

Yogi estava junto de Pat, rosnando com uma aparência feroz.

Com muito esforço, ela conseguiu colocar a coleira no pescoço do cão.

— Tudo bem, Yogi — Pat sussurrou. — São amigos, deixe-os entrar.

Como Yogi tinha passado a vida inteira vendo Donald e os colegas vestidos em uniformes da polícia, quando os policiais entraram, ele logo percebeu que se tratava de fato de amigos. Ficou ali de prontidão e deixou que cuidassem de Pat. Ao redor da casa, eles encontraram pedaços de tecido empapados de sangue, que Yogi havia rasgado da calça e da camisa do marginal.

Nesse dia, Yogi provou que era capaz de defender Pat de um ataque real. Embora o assaltante nunca tenha sido encontrado, Yogi estava pronto para enfrentá-lo caso voltasse. O homem, no entanto, nunca ousou fazer isso.

CAPÍTULO DOZE

Solicitude em Meio ao Frio

Nas últimas horas de uma noite de inverno, Indian Red, um cavalo, andava por uma estrada rural totalmente deserta em Ontário, Canadá. Ele parou, raspou os cascos na neve e fitou o chão intensamente. A temperatura caía cada vez mais e ele deveria buscar um abrigo. Mas não foi isso que fez. Apesar do vento e do frio, ficou na beira da estrada.

Quando acontecia de passar algum carro, iluminando-o com o clarão dos faróis, o animal relinchava. Os motoristas, no entanto, ignoravam-no, passando por ele sem sequer diminuir a velocidade. Ele então esperava pacientemente por outra oportunidade de chamar atenção, até que finalmente alguém parou para ver se havia algo de errado.

Por que um cavalo estaria relinchando na beira da estrada tão tarde da noite?, o motorista se perguntou.

O homem saltou do carro e deu uma olhada na vala coberta de neve ao lado da qual estava o cavalo. Uma senhora de 77 anos estava caída na vala. Como ela não conseguira rastejar para fora e pedir ajuda por si mesma, Indian Red havia tentado, de todas as maneiras possíveis, fazer isso por ela, embora sequer a conhecesse.

Os animais, assim como Indian Red, podem ser extremamente bondosos com pessoas que precisam de ajuda na neve ou no gelo.

Numa manhã gelada, em que a temperatura em Ontário, Canadá, era de 9 graus negativos, Brian Holmes deixou que Samantha, sua pastora alsaciana, saísse para fazer sua ronda diária pela propriedade. Ela era uma cadela grande mas graciosa, que ele resgatara de um estábulo onde costumavam bater nela.

Samantha ainda guardava no corpo as marcas de vara, mas os maus-tratos que sofrera não haviam abalado sua capacidade de amar.

Com um passinho ágil, ela fez seu trajeto pela neve. O ar bafejado virava nuvens de névoa em torno dela e o vento agitava seu pêlo. Ao passar pela entrada de carro, parou e farejou, procurando pegadas na neve ou outras mensagens do tipo. Na paisagem rural, reinava a quietude. O tempo era inclemente e cinzento.

Cerca de 800 metros dali, Donald Johnston, de 3 anos de idade, pulou do berço e saiu pela casa à procura do pai, Darryl. O homem dormia no sofá, afinal, tinha uma boa razão para estar cansado: na noite anterior, sua mulher tinha dado à luz à irmã de Donald e Darryl ficara com ela até o dia amanhecer.

Enquanto Donald perambulava pela casa, sentiu-se tão só sem a mãe por perto que decidiu ir vê-la no hospital, que ficava a quase 50 quilômetros dali. Usando apenas calça de algodão, camiseta e uma jaqueta leve, desabotoada, o garotinho empurrou para fora seu carrinho amarelo movido a bateria e pegou a estrada.

A neve amontoava-se nos dois lados da estrada. O vento açoitava as árvores com violência. Nessa paisagem rural isolada de tudo, não havia nenhum carro à vista na estrada. Totalmente sozinho, Donald empurrou seu carro por quase 1 quilômetro.

Quando parou para descansar, viu que estava perdido e ficou assustado. Não tinha idéia de que rumo tomar para encontrar a mãe *ou* o pai. Não conseguia controlar o tremor nas mãos, que já estavam dormentes, nem fazer com que os pezinhos gelados o obedecessem.

Em casa, Darryl abriu os olhos no sofá. Algo estava errado; a casa estava quieta demais. Resolveu se levantar e ir até o quarto de Donald. Mas só achou o berço vazio. Procurou por toda a casa e nada do menino. Aflito, correu para fora sem se importar em pôr um casaco.

— Donald!? Donald!? — gritou com as mãos em concha ao redor da boca.

Tudo o que ouviu foi o vento soprando através das árvores. Quase em pânico, correu para a estrada à procura do filho.

Tão distante de casa, Donald encostou no carrinho amarelo e pôs-se a chorar. Tinha certeza de que estava sozinho, mas na verdade não estava. Do alto de uma entrada de carro nas cercanias, Samantha o observava, ouvindo seus soluços. Preocupada, a cadela acercou-se do menino, cutucou-o delicadamente com o focinho e começou a lamber suas faces molhadas. O garotinho passou os braços ao redor do pescoço de Samantha e a manteve junto de si, enquanto ela lentamente o conduzia pela entrada de carro até a casa de Brian Holmes.

Brian trabalhava no computador quando ouviu seu outro cachorro, Monty, latir na garagem. Levantou-se, colocou um par de sapatos próprios para a neve e saiu para ver quem estava chegando. Mas o que viu não foi um carro, mas Samantha, fazendo cuidadosamente seu caminho de volta, com um pobre garotinho agarrado a ela. Ele não usava chapéu; o cadarço das botinas estavam sujos e as luvas, penduradas por um cordão em volta do pescoço.

Quem poderia ser, afinal, essa criança que Samantha trazia para casa, perguntou-se Brian, aturdido. Ele e a mulher não tinham nenhum vizinho próximo. Só uma casa na região tinha crianças. Mas o garotinho que acompanhava Samantha aos tropeços não era nenhuma delas.

Brian cruzou a entrada de carro, indo de encontro a eles.

— Tudo bem com vocês?

O garoto estava assustado e com frio demais para responder. Quando Samantha lambeu-o novamente nas faces, ele se agarrou a ela como alguém que sobe um despenhadeiro agarra-se a uma corda. A cachorrinha, por sua vez, não desviava do garoto seu olhar vigilante.

Brian agachou-se perto dele.

— Qual é o seu nome?

Desta vez a criança respondeu batendo os dentes.

— Muito bem, então — continuou Brian. — Venha para dentro que está mais quente.

Em frente da lareira, o garotinho aconchegou-se a Samantha e a Monty, que os seguiu até a sala.

— Pode me dizer seu nome? — tentou Brian novamente.

— ... Nolal...ommiee.

Pelo menos era um começo.

Brian quis dar uma olhada na estrada para ver se localizava os pais do menino.

— Vou sair só um pouquinho. Samantha ficará aqui com você.

Em vez de escapulir para a porta como sempre fazia ao primeiro sinal de que Brian iria sair, a cadela não deixou seu posto ao lado do garoto. Permaneceu de guarda, enquanto Brian corria para fora, cogitando se os pais da criança não teriam sofrido um acidente de carro ou não estariam na estrada, trocando um pneu furado. Talvez, disse a si mesmo, o carro deles tivesse caído numa vala ou estivesse preso num monte de neve.

Mas tudo que encontrou foi um carrinho amarelo movido a bateria, abandonado no meio da estrada. Intrigado, levou o carrinho para junto da entrada de carro, de forma que a pessoa que procurasse pelo garoto soubesse que ele estava na casa de Holmes. Então voltou para casa e ofereceu biscoitos ao garoto. Samantha estava junto dele.

— Você consegue falar agora? — Brian insistiu. — Consegue me dizer seu nome?

— Donald — murmurou o garoto.

Brian telefonou para a mulher, Michelle, que estava na cidade a negócios.

— Você conhece alguém que tenha um garotinho chamado Donald?

— Não.

Brian então contou sobre o resgate que Samantha fizera.

— E eu não sei da onde ele veio.

— É melhor chamar a polícia — aconselhou Michelle.

Brian entrou em contato com a polícia de Ontário. Prometeram, então, que estariam na casa de Brian em vinte minutos. Nesse meio-tempo, Brian mandou que Samantha ficasse em casa — embora ela parecesse relutante em desistir do seu encargo — e colocou Donald na picape. Se estacionasse na estrada, pensou, os pais de Donald poderiam passar por eles e ver o menino.

Quando Brian pegou a estrada, um fazendeiro da vizinhança passou por eles, acompanhado de Darryl, a quem encontrara em mangas de camisa, gritando pelo filho no meio da estrada. Quando Brian colocou Donald nos braços do pai, este ficou tão grato que não conseguiu pronunciar palavra. As lágrimas escorriam pelo seu rosto. Donald ficara perdido por uma hora e meia e Darryl ficara apavorado com a idéia de que ele estivesse morto.

Samantha, ainda trancada em casa, não ouviu os agradecimentos de Darryl nem presenciou o encontro entre pai e filho. Também não viu o alívio que desfez as rugas de preocupação em sua testa. Mas sua tarefa fôra cumprida e com louvor. Por uma hora, ela havia demonstrado a mais pura dedicação por uma criança desesperada.

Numa tarde de fevereiro, Jim Gilchrist saiu para dar uma caminhada com sua rottweiler, Tara, e sua golden retriever, Tiree. Como costumavam fazer no inverno, caminharam em meio à neve pela margem do lago Simcoe, no Canadá. Por alguns momentos a caminhada foi agradável e estimulante. Os cães saltitavam com a agilidade de huskies.

Mas então a neve começou a cair, acompanhada de rajadas fortes de vento enregelante. Jim decidiu voltar para casa. Para evitar os montes de neve que se formavam, o rapaz conduziu Tara e Tiree 400 metros ao largo, para andar sobre o leito congelado do lago. Os poucos flocos de neve que caíam transformaram-se quase numa nevasca e, à medida que avançava, Jim conseguia ver uma distância cada vez menor à sua frente. A neve aderiu aos seus cílios, cobriu seus ombros e embranqueceu o pêlo dos cães.

Enquanto Jim corria em linha reta, os cães disparavam em direções diferentes, explorando o gelo. De repente, com um forte estalo, o gelo cedeu sob os pés de Jim, fazendo-o deslizar para dentro do lago. Tomado pelo pânico, o rapaz agarrou a borda pontiaguda que o rodeava e tentou alçar o corpo para fora da água. No entanto, a cada tentativa, pedaços de gelo quebravam em suas mãos, fazendo-o cair novamente nas águas geladas.

O gelo, ele percebeu, já não parecia espesso o suficiente para agüentar seus 100 quilos. Enquanto se debatia para não afundar com suas roupas encharcadas, pensamentos de morte rondavam sua mente. Já ouvira falar de pilotos de *snowmobile* que caíram no gelo, nesse mesmo lago, e morreram tão depressa que foram encontrados no fundo, com as mãos ainda agarradas ao guidão. Jim morreria com a mesma rapidez. Calculou que, em águas tão geladas, ele sobreviveria não mais que cinco minutos.

Com uma borrasca daquelas, ninguém na margem conseguiria ver que ele estava em perigo; estava tão distante da borda que também não tinha esperança de que alguém pudesse ouvir seus gritos de socorro. E mesmo que alguém *pudesse* vê-lo ou ouvi-lo, seria impossível alcançá-lo em poucos minutos antes que ele congelasse até a morte. Se quisesse sobreviver, teria de contar apenas consigo mesmo.

Jim enterrou as unhas no gelo e tentou mais uma vez erguer o corpo para fora da água. Mas só conseguiu quebrar mais alguns pedaços de gelo da borda. Enquanto tentava inutilmente sair dali, sua rottweiler Tara correu para ajudá-lo. Mas o gelo também cedeu sob as patas do animal e Tara também mergulhou na água. Ao lado de Jim, ela batia desesperadamente as patas na água para manter a cabeça na superfície.

Jim conseguiu alçar o corpo apenas o suficiente para olhar sobre o gelo. Quando viu Tiree arrancando na direção dele, seu coração se encheu de pavor. Por ser uma retriever, Tiree adorava água. Ela certamente pularia no buraco formado no gelo para "brincar" com ele e Tara ou acabaria quebrando o gelo com seu peso e também cairia, mesmo antes de chegar até eles. De todo jeito, todos os três logo estariam mortos.

Sacudindo o rabo, Tiree correu na direção deles para participar da "brincadeira". Mas, uns 4 metros antes de chegar até onde estava Jim, a cadela estancou de repente e agachou-se. Percebendo que algo terrível estava acontecendo a Jim e Tara, ela começou a choramingar, emitindo ganidos estridentes de ansiedade. A cadela também parecia estar atenta ao perigo que ela mesma corria. Com a barriga encostada no chão e impulsionando o corpo com as patas espichadas, ela distribuiu o peso de maneira igual sobre o gelo, evitando que este se quebrasse. Então rastejou de barriga até onde estavam Jim e Tara.

Quando alcançou-os, em vez de pular na água ou acabar caindo dentro do lago, como Jim temia, ela parou com cuidado na borda do gelo, de onde podia observá-los. Para manter-se à tona, o rapaz impulsionou o corpo para cima até conseguir prender os dedos em volta da coleira de Tiree. Ela sustentou o peso de Jim com firmeza. Ainda segurando-se na cachorra, Jim ouviu um homem gritando a distância.

— Estamos indo ajudá-lo! Agüente firme! Agüente firme!

Jim agarrava-se à coleira de Tiree para não perder a vida. Mas não poderia esperar o homem vir resgatá-lo.

Jim ajudou Tara a escalar seus ombros e, ainda agarrado à coleira de Tiree, empurrou a outra cadela para fora da água. Cristais de gelo formaram-se instantaneamente no pêlo de Tara, que trêmula e traumatizada, lutava para sustentar-se em pé sobre o gelo. Tara certamente não ficaria ali junto a Tara e Jim, correndo o risco de cair novamente na água gelada, pensou Jim. Dispararia para longe procurando se salvar.

Mas, ao contrário de toda lógica, ela permaneceu ali com ele, embora estivesse visivelmente aterrorizada. Estava claro que sua intenção era ajudá-lo. Ganindo e tremendo muito, ela se deitou no gelo perto de Tiree e deixou que Jim agarrasse em sua coleira também. Então os dois cães enterraram as unhas no gelo e, juntos, começaram a rastejar lentamente para trás — puxando o rapaz para fora da água.

Sem ter onde se apoiar, Jim não tinha outro meio senão soltar o corpo e agarrar firme na coleira dos cães. Estes continuavam resistindo e empenhando-se ao máximo para puxá-lo da água, enquanto o gelo emitia uma série apavorante de estalos e gemidos e rachaduras se formavam sob suas patas. Embora pudessem cair na água a qualquer momento, rebocavam o rapaz com vontade férrea até que, aos poucos, com toda a precaução, conseguiram retroceder até onde a camada de gelo era espessa o suficiente para suportar-lhes o peso. Então, reunindo todas as forças que ainda lhe sobravam, finalmente alçaram Jim para fora do lago.

Tremendo incontrolavelmente de frio e de medo, ele ficou ali deitado com o rosto no gelo, tentando ganhar forças para se levantar. Os cães, eufóricos por terem-no salvo, latiam, abanavam o rabo e saltitavam sem parar.

— Parem! Parem! — Jim gritou. Se eles rachassem o gelo novamente, todos os três voltariam a mergulhar na água.

Os cães pararam de comemorar o salvamento e permaneceram ao lado de Jim numa atitude protetora, até que o homem que os vira a distância chegou até eles. Ajudou-os então a voltar para casa, onde Jim tomou um banho quente e secou o pêlo dos cães, aquecendo-os.

Nos dias que se seguiram, à medida que se recuperava, ele continuou a repassar mentalmente tudo que lhe acontecera. Começou a perceber que o fato de quase ter morrido tinha um significado especial. Sem Tara e Tiree, ele ainda estaria no fundo do lago. Não havia dúvida de que devia ao mundo uma retribuição por ainda estar vivo.

Em gratidão pela sorte de ter dois animais tão leais e corajosos, Jim decidiu fazer algo não só por eles, mas por *todos* os cães. Abriu um canil para criar cães da raça golden retriever e para treinar e adestrar qualquer cão que lhe confiassem.

Além disso, dizia a quem quisesse ouvir: "Sou a prova viva de que os cães são os melhores amigos do homem". E também era a prova viva da enorme compaixão dessas criaturas.

Quando Gale Coleman aprontava-se para dormir, numa noite de nevasca em Cambridge, Massachusetts, notou que a luz da varanda estava piscando e resolveu sair para consertá-la. Descalça e usando apenas um pijama por baixo do robe de banho, ela subiu na cerca da varanda e tocou a lâmpada com as mãos úmidas por causa do gelo. Um choque elétrico arremessou-a a cinco metros de distância, fazendo-a bater violentamente na cerca.

Por um momento, ela permaneceu ali na neve, totalmente desorientada e sem forças para nada. Então, vagarosamente, tentou se erguer e entrar em casa. Uma dor cortante transpassou seu peito e impediu que ela se movesse. Com as mãos e o cérebro cada vez mais dormentes e o medo avolumando-se no peito e competindo com a dor, Gale gritou o mais alto que pôde por mais ou menos meia hora. Mas ninguém apareceu para ajudá-la.

Se ninguém viesse em seu auxílio, a neve que caía amontoaria sobre ela a noite toda, levando-a à morte, pensou Gale. O frio gradualmente foi se transformando em terror. Com os sentidos amortecidos pelo frio cortante, ela sequer tinha forças para temer o perigo ou fazer algo por si mesma. Fechou, então, os olhos e, antes de cair na inconsciência, clamou mais uma vez por ajuda.

Ninguém ouviu seu chamado a não ser Kayla, uma cadela dinamarquesa que estava sozinha, trancada na casa vizinha. Empertigando as orelhas ao ouvir os gritos de Gale, a cadela correu para a porta dos fundos e em vão tentou abri-la raspando-a com as patas. Então deitou no chão e, com as patas dianteiras esticadas como uma esfinge egípcia, esperou junto à porta.

Kayla, uma criatura doce e afetuosa, passara a viver com Randy Foley depois que ele fizera um tratamento contra o câncer e achara uma boa idéia ter um cachorro em casa para deixar o lugar mais alegre. Resolveu, então, ligar para um amigo, criador de cães dinamarqueses.

— Parece milagre! — exclamou o criador. — Tenho o cão perfeito para você!

Com apenas seis meses, Kayla pesava meros 32 quilos, o que era espantoso para um cão dinamarquês. Seu dono anterior batia tanto nela que chegara a quebrar-lhe a bacia e algumas costelas. Depois que alguém a levara para longe dele, um veterinário colocara no corpo da cachorra uma armação própria para recuperação de fraturas.

— Você e Kayla serão um excelente remédio um para o outro — afirmou o criador a Randy, que precisava de consolo enquanto se curava do câncer, tal como a cadela para se recuperar das fraturas.

Nos seis meses seguintes, Randy e Kayla serviram de estímulo um para a cura do outro. Embora a cadela dinamarquesa ficasse a cada dia mais forte e confiante, ainda era extremamente tímida. Nunca latira. Sequer uma vez. Mesmo quando estranhos batiam à porta de Randy.

Naquela gelada noite de inverno, Randy veio para casa e chamou Kayla.

— Venha cá! Vamos dar uma volta antes que a neve se acumule tanto que seja impossível caminhar.

Normalmente, diante da perspectiva de sair para a rua, Kayla disparava para a porta da frente e arranhava-a com as unhas ansiosamente. Dessa vez, no entanto, ela insistiu em sair pela porta de trás. Ficou ali raspando-a e pressionando o focinho contra a madeira, como que implorando para que o dono a abrisse.

O comportamento estranho da cadela intrigou Randy; mas, se ela quisesse sair pelos fundos, que assim fosse. Ele abriu a porta e Kayla imediatamente esgueirou-se por entre as ripas da cerca que separava sua casa da de Gale. Com suas enormes patas do tamanho de pás, cavou a neve embaixo do portão. Mais intrigado ainda, Randy seguiu a cachorra e olhou por sobre a cerca para ver se havia algo errado na casa da vizinha. Tudo que pôde ver foram pilhas de neve cada vez mais altas, em meio ao que parecia estar se transformando numa tempestade de neve.

— Vamos lá, Kayla! — gritou Randy de trás da cerca. — Se não começarmos nossa caminhada agora, teremos de nos apressar.

Kayla, cujo maior prazer era seu passeio vespertino, recusou-se a segui-lo. Não bastasse ela empacar ali, intransigente, no quintal da vizinha, ainda começou a latir — latidos altos, profundos e cheios de determinação, que Randy pela primeira vez tinha o prazer de ouvir. Resolveu, então, contornar a cerca e correr até onde estava Kayla. O que poderia tê-la feito quebrar seu tão prolongado silêncio?

Randy olhou por sobre o portão mais uma vez; por um segundo, tudo o que conseguiu ver foi um monte de neve de cerca de 1,5 metro.

— Kayla? O que há com você, afinal?

Quando ele estava prestes a voltar para casa, a cachorra emitiu um uivo longo e urgente. Parecia disposta a tudo para chamar a atenção dele. E conseguiu. Certo de que havia mesmo algo errado, ele afastou a neve do portão com os pés até que se abrisse. Kayla então arrancou na direção do monte de neve e começou a cavar com sua poderosas patas de dinamarquesa.

Quando Randy conseguiu chegar até onde estava a cadela, enfim entendeu a razão do desespero dela. O cabelo castanho de uma mulher, duro como gelo, apareceu em meio à neve. Randy juntou-se a Kayla na sua tarefa urgente de cavar, até exporem o rosto azulado de uma mulher, coberto com uma camada de gelo. A mulher era Gale Coleman, a vizinha de Randy.

— Meu Deus! Ela está morta! — gritou ele. Mas talvez não estivesse.

Tentou então revivê-la; a vida da moça dependia dele. No entanto, ele não tinha idéia do que poderia fazer para que ela voltasse à vida. Cerrou os dentes. O vento glacial secava o suor de nervosismo que banhava sua testa.

Randy deitou Gale de costas e Kayla deitou junto a ela, aquecendo-a. Para que o rosto da moça ficasse fora da neve, Randy apoiou a cabeça dela sobre a barriga de Kayla. Enquanto corria de volta para casa pensando em pedir ajuda, a cachorra aninhou-se junto a Gale, cutucando-a com o focinho e lambendo-a na tentativa de fazê-la voltar a si.

— Você já fez ressuscitamento antes? — perguntou ao telefone o atendente do serviço de emergência.

— Tive uma aula sobre o assunto, mas nunca fiz de verdade.

— Então você vai fazer de verdade agora.

— Não sei se vou conseguir.

— Ficarei na linha ajudando você.

— Vou mesmo precisar da sua ajuda.

Quando Randy voltou às pressas para a casa de Gale, viu que Kayla já havia começado o ressuscitamento. Já tinha removido pelo menos metade do gelo de cima do rosto de Gale e, delicadamente, lambia o nariz e a boca da moça, de modo que ela pudesse respirar.

Tudo que Rodney fez foi dar prosseguimento aos procedimentos de Kayla. Com o telefone sem fio em punho, ele seguiu as instruções do atendente, fez respiração boca a boca e conseguiu fazer Gale voltar a respirar. Então cobriu-a com um acolchoado até que a ambulância e o carro de bombeiros chegassem. Os paramédicos carregaram-na numa maca até a ambulância.

— Bom trabalho! — disse um deles a Rodney, embora devesse cumprimentar Kayla também.

— Mais dez minutos e ela teria congelado até a morte — profetizou outro paramédico.

No hospital, Coleman descobriu que fraturara duas costelas e perfurara um pulmão. Também ficou sabendo que Rodney não fora o único responsável pelo seu resgate; sem os esforços de Kayla para salvá-la, ela certamente estaria morta.

Nos meses seguintes, quando Rodney levava sua cadela para seu passeio diário à tarde, Gale esgueirava-se pela varanda do vizinho e deixava ali alguns quitutes para seu "paramédico canino": bifes, frango desossado, peito de peru, torta de galinha, ossos. Cada dia era uma refeição diferente.

Uma noite, um entregador de comida chinesa bateu à porta de Rodney, portando embalagens brancas de onde exalava um aroma delicioso.

— Tenho uma entrega para Kayla Foley.

A cachorra engoliu tudo cheia de alegria.

Toda vez que Gale via Kayla, ela a abraçava e beijava.

— Amo você! Você é igualzinha à Lassie.

Rodney também achou o resgate de Kayla algo incrível.

— Depois de apanhar tanto, ela poderia ter ficado ressentida ou com raiva — comentou Randy. — Mas é cheia de amor para dar.

CAPÍTULO TREZE

Muito Além do Dever

Os animais de serviço, cuidadosamente treinados para atender às necessidades de uma pessoa, podem muitas vezes fazer bem mais do que a maioria das pessoas sequer imaginou pedir a eles. Os animais parecem pressentir um problema e então empenham-se ao máximo para solucioná-lo. Eles procuram corresponder às expectativas que as pessoas têm deles.

No jornal da Associação Internacional dos Parceiros de Cães-guia, Jean Levitt comenta sobre Gentleman Cole, seu cão-guia da raça collie.

Enquanto Jean descia lentamente a rampa de embarque para um avião, Cole, usando sua mochila de viagem, apoiou gentilmente o corpo na perna dela, ajudando-a a manter o equilíbrio. Quando chegaram a uma curva da rampa, um homem deu um passo à frente para proteger uma senhora do cachorro.

Quando sua mulher era criança, o homem explicou, ela assistira aos pais serem atacados por cães e feitos em pedaços, na Alemanha nazista. À noite, ela ainda tinha pesadelos com a morte deles; sempre que via um cão, ficava aterrorizada. Sabendo apenas naquele momento que Cole viajaria com eles no mesmo avião, a mulher entrara em pânico e recusara-se a voar com ele. Mas, impressionada com a assistência tão cuidadosa que Cole dera a Jean a bordo, ela decidira seguir em frente, apesar do medo que sentia, e tomar o vôo.

Jean sentou-se na divisão entre os compartimentos do avião e Cole, com o focinho apontado para o corredor, aconchegou-se junto aos pés dela, caindo logo no sono. A mulher que tinha medo de cachorros e o marido acomodaram-se em dois assentos na parte traseira do avião. Quando ela precisava ir ao banheiro, o marido a escoltava, enquanto ela fitava o cão cheia de medo.

Depois que o avião aterrissou, Jean esperou até que os outros passageiros desembarcassem. O casal fez o mesmo. Quando a aeronave estava quase vázia, eles se aproximaram de Jean e a mulher confessou-lhe que Cole conseguira de algum modo curá-la do terror que sentia por cães. Seu comportamento exemplar a ajudara a perceber que os cachorros não eram ruins.

— Você gostaria de tocar Cole? — perguntou Jean a ela.

Instintivamente a mulher encolheu os dedos como se fosse tocar uma brasa ardente em vez de pêlo. Com lágrimas rolando pelas faces, ela pousou a mão no pescoço do animal. O collie, entendendo que naquele momento muito dependia dele, ficou imóvel tal qual uma estátua, de modo a não assustá-la. A mulher se abaixou para se aproximar mais dele e murmurou algo para o cão. Ainda assim, o animal sequer piscou ou abanou o rabo.

Mas quando o marido dela também se curvou para afagar Cole, este sabia que estava livre para ser ele mesmo. Lambeu o rosto do homem e lhe deu as boas-vindas.

O casal agradeceu a Jean e desembarcou do avião. Poucos minutos depois, quando Jean e o collie passavam vagarosamente pela tripulação, um dos pilotos que testemunhara a compaixão de Cole, fez questão de cumprimentá-lo.

Em *Fetch the Paper*, Toni e Ed Eames escrevem sobre a ocasião em que Ed participou da Semana da Educação na Federação Nacional dos Cegos, com Kirby, seu cão-guia da raça golden retriever. O cachorro começou a mancar tanto que Ed voltou um dia antes para casa, em Modesto, Califórnia, com a intenção de levá-lo ao veterinário. Ed estava esperando que Kirby só recebesse alguma medicação para dor, mas o veterinário diagnosticou câncer.

— Um tumor extremamente agressivo lesou grande parte do osso da perna dianteira de Kirby — sentenciou o veterinário a Ed.

Nas semanas seguintes, Ed levou Kirby para fazer uma biópsia e consultou outros veterinários sobre o melhor tratamento. Não parecia haver outra alternativa senão seguir a terrível recomendação de amputar a perna do cão. Ed e sua mulher, Toni, levaram o lindo cachorro — que cumpria sua tarefa de guiar Ed com tanta consciência e graciosidade — para fazer a cirurgia. O trajeto até a clínica parecia uma viagem ao matadouro.

Quando Kirby voltou para casa, parecia estar com medo de se mover. Odiava escadas. Não parecia estar disposto a fazer nenhum tipo de exercício.

Com uma atitude como essa, que tipo de cão-guia ele seria dali para a frente? Ed refletiu por semanas se deveria tentar usá-lo como guia novamente ou desistir dele e deixá-lo em casa como animal de estimação.

Alunos da Universidade da Califórnia, na faculdade de veterinária de Davis, onde Ed deu uma palestra uma tarde, insistiram para que Kirby voltasse a ser usado como cão-guia.

— Um cão pastor pastoreia o rebanho tão bem com três patas quanto com quatro! — argumentou um dos alunos. — Com um cão-guia é a mesma coisa!

Outras pessoas não se mostravam tão otimistas a respeito do futuro de Kirby.

— Qualquer cachorro com uma deficiência tão grave quanto essa nunca deveria ser usado para trabalho! — alguém disse a Ed.

Ed ficava deprimido só de pensar nas alternativas que restavam a Kirby. *Se a deficiência de Kirby significava que ele não poderia trabalhar, o que dizer dele mesmo?*, Ed se perguntava. Deveria ele, só porque era cego, também desistir de tudo e apodrecer num canto até a morte?

A resposta era não. Ed amava Kirby demais para não lutar para que ele pudesse ter uma chance de ser cão-guia novamente. Nos meses que se seguiram, Ed, Toni e alguns amigos trabalharam na reabilitação de Kirby. Mas ele ainda parecia hesitante; faltava-lhe confiança em si. Enquanto guiava Ed por entre os obstáculos, Kirby em geral parava e se sentava sem qualquer razão que não fosse pura relutância em seguir em frente.

Ed, por experiência própria, podia entender facilmente o quanto era duro adquirir uma deficiência. Pacientemente, ele tentava persuadir Kirby com agrados para que aceitasse continuar sua tarefa de cão-guia. Mas essa bajulação não poderia durar para sempre, especialmente quando Ed precisava tanto dos préstimos de um cão-guia; e ele sabia disso.

Finalmente, resolveu consultar um veterinário behaviorista para aconselhá-lo.

— Você está tratando Kirby exatamente como ensina aos pais de crianças com deficiências como não devem tratá-las! — disse ele a Ed.

Em outras palavras, Ed estava mimando Kirby. Quando o cão negava-se a avançar ao primeiro comando seu, Ed dava "batidinhas" na cabeça dele em sinal de compreensão, dessa forma encorajando a reticência e a falta de coragem do animal.

No dia seguinte, Ed seguiu os conselhos do veterinário: com a bengala branca em punho, levou Kirby para a rua, paramentado com seus arreios de cão-guia. Quando chegaram a um cruzamento, o cachorro sentou-se na esquina, nervoso demais para atravessar. Ed então largou os arreios.

— Tudo bem, Kirby — disse Ed, forçando-se a parecer firme. — Preferia atravessar com você, mas, se não vai me guiar, vou ter que fazer isso sem a sua ajuda. — Dando pancadinhas com a bengala no asfalto, Ed começou a atravessar a rua sozinho.

Da esquina Kirby observava Ed seguir em frente. O cão pareceu confuso ao se ver deixado para trás, mas estava aterrorizado demais para se mexer. Gania e choramingava baixinho enquanto Ed avançava, e então passou a latir para chamá-lo de volta — ou para reunir coragem.

Quando Ed estava no meio do cruzamento, Kirby se decidiu: guiar Ed era mais importante do que ceder aos seus próprios medos. Kirby mancou até ele. Cutucando-o na perna, assim como fizera por tantos anos ao guiar Ed, Kirby conduziu-o pelo resto da travessia.

Dali por diante, sempre que Ed precisasse ser guiado, Kirby seguiria lealmente ao lado dele, manquejando sobre as três patas.

À uma da manhã em Fresno, Califórnia, Esther Warnes ouviu um "m-r-r-r-r-r-r" abafado. Sunny, uma mestiça de golden retriever e labrador amarelo que estava com ela havia apenas um dia, cutucava com a pata a mão de Esther, com o corpo apoiado à cama.

A dona da casa ouviu o ruído de passos na sala de TV. Alguém tinha invadido a casa.

Deitada ali, ouvindo o intruso tateando no escuro, Esther sentiu um frio na barriga. Ela estava sozinha. A esclerose múltipla deixara seu corpo tão enfraquecido que ela mal podia se mover. Embora sua nova cadela soubesse abrir portas, acender a luz e ajudá-la a sentar-se na cadeira de rodas e a sair dela, Sunny não fora treinada para protegê-la.

No entanto, só a cadela *poderia* protegê-la naquele momento. Enquanto ouvia os passos cruzarem devagar a casa, aproximando-se cada vez mais do quarto, Esther deu à cachorra um novo comando:

— Sunny, guarda! — ela sussurrou.

Latindo e rosnado muito, Sunny disparou para fora do quarto. Ela então ouviu o homem sair a toda da casa, com Sunny em seu encalço. O portão da casa rangeu e o barulho dos tênis no pavimento da calçada aos poucos foi se distanciando. O perigo passara.

Com dificuldade, Esther sentou-se na cadeira de rodas e dirigiu-se para a sala de TV. Rosnando ferozmente atrás do sofá, Sunny estava apoiada no vão da janela que o bandido arrombara para invadir a casa. Não havia dúvida de que ela estava ali para bloquear a passagem se ele resolvesse voltar. Também era claro que ela levara a sério o comando "guarda".

— Você é mesmo uma boa garota! — Esther ainda sentia o coração disparado pelo susto.

Sunny saiu da janela e foi até ela. A cadela parecia perceber que Esther estava com medo, pois pressionou o corpo contra ela e descansou a cabeça em seus ombros. Esther envolveu-a com os braços e ficou ali junto do animal.

— Boa menina! Boa menina! — As palavras não expressavam toda gratidão que sentia por aquela criatura.

Como não seria mais possível trancar a janela naquela noite, Esther teve receio de ir dormir. Não parava de pensar que o marginal poderia invadir a casa outra vez e fazer algum mal a ela. No quarto de dormir, permaneceu na cadeira de rodas enquanto lia os Salmos para se acalmar. Sunny pôs a cabeça em seu colo, fazendo *ela mesma* o possível para acalmar a dona.

Uma hora depois, Esther disse a si mesma: "Deus e Sunny estão aqui comigo. Aquele homem não vai voltar!"

Resolveu então ir para a cama e apagar a luz. Sunny instantaneamente pulou na cama e se deitou junto dela. Gentilmente, a cachorra deslizou uma pata por baixo da mão de Esther e colocou a outra por cima.

— Oh, Sunny! Muito obrigada — sussurrou Esther, perguntando-se, comovida, como um cão podia ser tão afetuoso com alguém que praticamente acabara de conhecer.

Quando o dia amanheceu, ali pelas seis da manhã, Esther acordou. A noite toda Sunny permanecera exatamente na mesma posição. Ainda estava deitada junto a Esther, com as duas patas envolvendo a mão dela.

Dottie, a primeira akita usada como cão-guia nos Estados Unidos, tinha uma rotina extremamente puxada com Jeffrey Fowler. Cardiologista e legalmente cego desde os tempos em que cursava a faculdade de medicina, Jeffrey fazia longos plantões em Louisville, Kentucky. Às vezes, ele chegava do hospital às três e meia da manhã, dormia por duas horas, levantava-se e voltava direto ao hospital para visitar os pacientes. Sem se importar com a rotina espartana do médico, Dottie, que mais parecia um ursinho de pelúcia desajeitado, estava sempre ao lado dele.

Com a ajuda de uma câmara de TV de circuito fechado que funcionava como uma lente de aumento, Jeffrey examinava os eletrocardiogramas e os resultados de exames dos pacientes. Com a ajuda de Dottie, ele avaliava o humor dos pacientes e descobria quem precisava de uma dose extra de atenção e consolo. Dottie, perambulando de um lado para o outro nas salas de exames, visitava pacientes preocupados no consultório de Jeffrey. Enquanto este fazia uma leitura detalhada dos testes laboratoriais ou ditava notas de progresso no hospital, ela ia atrás de quem estivesse deprimido no pronto-socorro, na recuperação ou nas salas de espera.

Ou na sala de terapia intensiva. Uma frágil anciã, deitada numa maca depois de uma cirurgia para colocação de um marcapasso, estava impedida de falar por causa de um tubo que entrava pela sua garganta. Então ela resolveu rascunhar uma mensagem num pedaço de papel e dá-lo à enfermeira: "Dottie poderia vir me visitar?"

— Claro! — disse Jeffrey.

O médico chamou Dottie, que já encontrara a paciente uma vez no consultório. A cadela entrou a toda no quarto e iniciou imediatamente sua terapia costumeira: cumprimentou-a com seus ganidos, tocou-a com o focinho por entre as grades da cama e pressionou o corpo contra ela, para que a paciente pudesse alcançá-la e beneficiar-se de uma sessão de "peloterapia".

No dia seguinte, quando foi retirado o tubo da garganta da paciente e ela pôde voltar a falar, pediu novamente para ver a cadela. Dottie voltou e fez de tudo para animá-la. Quando a senhora meteu a mão entre as grades da cama para afagá-la, Dottie choramingou e lambeu os dedos dela.

No terceiro dia depois da cirurgia da paciente, Jeffrey estava tão ocupado distribuindo ordens e fazendo anotações a respeito do progresso dos pacientes que não prestou muita atenção em Dottie. Ela, no entanto, sentiu que a paciente ainda precisava dela e resolveu visitá-la por conta própria. A cadela também parecia pressentir que a senhora já se sentia melhor, pois apoiou-se nas pernas de trás e pulou — com todos os seus 43 quilos — na cama desta. A mulher envolveu-a com os braços, descansou o rosto no seu pêlo sedoso e abraçou-a.

Em *Real Living with Multiple Sclerosis*, Penny Gillett Silvius comenta sobre Francine, sua golden retriever treinada, que por anos ajudou-a a lidar com sua cadeira de rodas. Quando a doença deixou Penny tão fraca a ponto de não conseguir usar mais as pernas ou os braços — ou até mesmo falar —, ela teve de se confinar à cama. Embora não houvesse muito o que pudesse fazer, Francine ainda se esforçava para fazer tudo o que estivesse ao seu alcance e nunca deixava de ser gentil.

Numa noite, na cama, Penny pendeu para o lado do criado-mudo, caiu sobre ele e começou a deslizar para fora da cama. Embora tentasse mover os braços desajeitadamente, ela não conseguia nem endireitar o corpo nem gritar por ajuda.

Se ninguém a puxasse de volta para a cama, ela certamente cairia de cabeça no chão de concreto. Só uma almofada de feltro e um fino tapete amorteceriam a queda. Na melhor das hipóteses, ela ficaria coberta de hematomas.

— Senhor! Senhor! Senhor! — ela rogava mentalmente. Só Deus podia ajudá-la.

Então emitiu o único som que seus lábios e suas cordas vocais ainda lhe permitiam articular: "Psst. Psst. Psst."

Enquanto seu corpo deslizava cada vez mais para o chão, ela repetia: "Psst. Psst."

Mal podia-se ouvir o som que emitia e Penny não tinha a intenção de chamar Francine. No entanto, a cachorra, que dormia em outro cômodo, ouviu sua súplica. Ergueu a cabeça e ficou de pé. Silenciosamente, rumou para o quarto de Penny para ver o que ela precisava. Ao vê-la, a cadela ficou de pé ao lado da dona. Então aproximou-se como se estivesse pensando num modo de ajudá-la.

Embora ajudar alguém a voltar para a cama não fosse uma lição que fizesse parte do treinamento de Francine, a cadela encostou o focinho no corpo de Penny e, gentilmente, empurrou-a de volta para a cama usando todas suas forças. Aos poucos, Francine ergueu Penny o suficiente para que esta pudesse colocar os braços por sobre as suas costas. Então, com incrível habilidade, Francine conseguiu endireitá-la na cama.

O Senhor a ouvira, pensou Penny cheia de fé. Por intemédio da bondade de Francine, o Senhor a salvara.

Em frente à sede da Escola Distrital Independente de Dallas uma multidão de adolescentes gritava em protesto pela demissão de alguns professores. Darryl Crow e três policiais haviam sido chamados para apaziguar os estudantes. Com vagar e cautela, os policiais caminharam em fila através de uma área reservada para a polícia e, montados a cavalo, prepararam-se para o confronto com os estudantes.

De repente, um carro azul virou a esquina, cantando os pneus. O motorista adolescente desceu a rua em velocidade e derrapou — indo em direção ao cavalo de Darryl, Tom Tom. Todos os músculos de Darryl enrijeceram-se instantaneamente. Ele tinha certeza de que, com o susto, o cavalo dispararia a correr e o carro acabaria atropelando dezenas de pessoas.

Tom Tom, um alazão de pêlo brilhante e acobreado, tinha sido treinado para enfrentar situações de perigo, de modo que o cavaleiro pudesse se proteger. E era exatamente isso que ele precisava fazer. Mas Darryl tomara Tom Tom emprestado aquela manhã, pois seu próprio cavalo estava doente; era a primeira vez que Darryl montava Tom Tom. Obviamente, ele não poderia confiar num cavalo que mal o conhecia e esperar que o animal o protegesse — especialmente um cavalo que, como qualquer animal assustado, só estivesse pensando em fugir do perigo e se salvar.

No entanto, Tom Tom mostrou que estava mais preocupado com a segurança de Darryl do que com a sua própria. Mesmo com o carro vindo na direção dele, o animal manteve-se no lugar. Darryl, ainda sobre o dorso de Tom Tom, caiu sobre o pára-brisa do carro. Quando o veículo finalmente parou, Darryl rolou pela capota, mas não sentiu nenhum ferimento grave. Tom Tom, no entanto, desabou no asfalto. Com o corpo todo tremendo de dor, ele lutou para se pôr de pé e mancou até uma área vazia do outro lado da rua.

Ele tinha cortes pelo corpo todo. Uma das suas pernas de trás tinha sofrido uma fratura na articulação entre o tornozelo e o casco. Darryl correu até o animal, mas tudo que ele e os outros policiais puderam fazer pelo cavalo foi amarrar um lenço no local da fratura e pressionar a perna para que o osso ficasse no lugar até que ele chegasse ao veterinário.

Tom Tom esperou estoicamente até que um *trailer* da Polícia Montada chegasse para buscá-lo. Apoiando-se apenas em três patas, o cavalo entrou no veículo e agüentou três longas horas até que chegassem a um hospital veterinário no Texas. Ainda esperou mais algumas horas até que o policial que o acompanhava fizesse algumas ligações para conseguir verba da polícia para a cirurgia que ele precisaria sofrer.

Finalmente, nas últimas horas do dia, dez veterinários, assistentes e anestesistas suturaram os cortes que Tom Tom tinha pelo corpo e trataram da fratura. Ali pelas duas da manhã, o cavalo conseguiu ficar de pé, embora sentisse uma dor escruciante, que continuaria por meses, enquanto os terapeutas do hospital tentavam ajudá-lo a andar normalmente outra vez. Para compensar a articulação machucada, Tom Tom apoiava o peso do corpo sobre a outra perna traseira, o que fez com que o casco inflamasse e ficasse fraco. Logo a perna saudável ficou tão dolorida quanto a fraturada.

Darryl visitava Tom Tom freqüentemente no hospital. Grato pela coragem e proteção do animal, o policial não cansava de abraçar e acariciar o cavalo. No entanto, as visitas eram extremamente desgastantes, pois era óbvio que Tom Tom estava sofrendo. A alegria desaparecera da face do cavalo; seu ânimo parecia sombrio. O ânimo de Darryl ficava igualmente sombrio no trajeto de volta para casa; a tristeza sempre o assolava depois das visitas a Tom Tom.

Embora alguns cavalos não tivessem força de vontade suficiente para superar seus ferimentos, Tom Tom continuou lutando bravamente para se recuperar. Até que um dia ele se mostrou forte o suficiente para voltar aos estábulos da Polícia Montada. Ali, ávido para agradar, ele fez todas as manobras que seu treinador, o cabo Tom Hall, solicitou. Não importando o quanto sentisse as pernas machucadas ou rígidas, ou o quanto mancasse miseravelmente a cada manhã, ele sempre obedecia aos comandos de Hall para andar, trotar e galopar em torno da arena.

Depois de meses de trabalho, Tom Tom recuperou a resistência e a confiança necessárias para patrulhar as ruas novamente. Ou pelo menos era isso que Hall achava. Dentro de um ano, no entanto, mesmo sendo poupado de esforços excessivos, Tom Tom começou a mancar tanto que não houve alternativa a não ser aposentá-lo e mandá-lo para um lugar onde ajudaria a reabilitar crianças. Mais uma vez ele tentou cumprir com esmero suas tarefas. Dia após dia, semana após semana, Tom Tom circulou pacientemente pela pista, carregando crianças no dorso.

Embora tentasse resistir, ele continuava piorando. Sua coxeadura era dolorosa não só para ele como para todos os que assistissem a sua luta para seguir em frente. Finalmente, os veterinários do mesmo hospital veterinário removeram alguns parafusos do tornozelo do animal para que ele pudesse andar sem sofrer tantas dores. A primeira cirurgia pareceu dar certo, mas então Tom Tom começou a mancar ainda mais do que antes.

Ambas as pernas traseiras doíam. A cada passo que dava, era evidente sua dor.

Seis anos depois que o motorista adolescente atingira Tom Tom, um veterinário finalmente o sacrificou. Na sua tentativa de proteger o oficial Darryl Crow, Tom Tom perdeu a própria vida para cumprir o seu dever.

CAPÍTULO CATORZE

Sensível Percepção

Em *Canine Grapevine*, Nancy Sciotti conta a história de Lorenzo Abundiz, um bombeiro da Carolina do Sul que levou seus rottweilers, Cinder e Reeno, para caminhar nas montanhas San Bernardino, num dia quente de maio. Ofegantes, os cães o acompanhavam pela trilha em meio à natureza.

A certa altura, Cinder ficou para trás. Ela choramingou, sentou-se e recusou-se a seguir Lorenzo. Quando este a chamou, ela deu meia-volta e começou a correr montanha abaixo. Então parou e refez o caminho de volta até ele. Olhando nos olhos do dono, ela se sentou novamente no meio da trilha.

Em geral, Cinder marchava à frente de Lorenzo e Reeno. Ela liderava a excursão em vez de atrasá-la. Mas nessa ocasião estava claro que não queria continuar o passeio. A cachorra parecia preocupada e distraída.

Lorenzo ganhara Cinder de presente depois de resgatar dois colegas do Corpo de Bombeiros de sob um grande cercado em chamas que desabara sobre eles. Com a adrenalina correndo nas veias, ele entrara por entre a fumaça, erguera o cercado com apenas uma das mãos e libertara os homens com a outra. Em gratidão, um dos amigos o presenteara com Cinder.

Como ela ainda era um filhote, adorava sair para passear. No entanto, aparentemente, tudo o que queria no momento era voltar para casa. Ao ver que a cachorra ficava cada vez mais ansiosa para voltar, Lorenzo cedeu. Cinder poderia estar doente, pensou ele. Não queria forçá-la a prosseguir se ela não se sentia bem.

Lorenzo e Reeno deram a volta, seguiram Cinder até o carro e rumaram para casa. Na sala de estar, Cinder plantou-se no chão, perto de Lorenzo, e manteve os olhos castanhos pregados nele. Mais certo do que nunca de que realmente havia algo errado com a cadela, ele se apressou em ligar para o veterinário.

De repente, sentiu o coração acelerar dentro do peito. A sala escureceu. Mal podendo respirar, Lorenzo caiu inconsciente no chão. Quando voltou a si, Reeno lambia seu rosto. Sentia-se tão fraco que não conseguiu sair dali para telefonar à mulher, Roxanne.

Cinder logo percebeu a situação. Enquanto Lorenzo ficava ali pálido, caído no chão, a cadela correu para a cozinha e tirou com o focinho o telefone do gancho. Então carregou o fone na boca até a sala, deixou-o cair ao lado de Lorenzo e empurrou-o com o focinho até onde ele podia alcançá-lo.

Usando toda força que lhe restava, Lorenzo discou com o polegar o código de emergência. Quando a telefonista atendeu, avisou, com um fio de voz, que estava tendo um ataque cardíaco.

Os paramédicos logo chegaram com oxigênio e medicamentos, que mantiveram seu coração funcionando. A ambulância voou para o hospital, chegando a tempo de salvar a vida de Lorenzo. À medida que lentamente se recuperava, ele pensava sem parar na preocupação que Cinder mostrara por ele. Se ela não percebesse que ele estava prestes a ter um ataque tão grave — e não insistisse em descer a montanha —, ele teria desmaiado em algum ponto da trilha, com grande risco de morrer ali mesmo e pouquíssima chance de obter ajuda.

O animal observa as pessoas que ama com toda a atenção. A grande sensibilidade que tem permite que perceba mudanças sutis na linguagem corporal, no cheiro, na voz e no comportamento — mudanças que sinalizam o princípio de uma doença. Quando um animal percebe que a pessoa vai ficar doente, ele geralmente procura alertá-la acerca do perigo. Pode pular sobre ela, andar compassadamente ao seu lado, latir, choramingar, portar-se mal ou fitá-la com apreensão.

Jessie, uma golden retriever da Dakota do Norte, é um outro exemplo de animal que avisou o dono acerca de uma doença. Depois que Pamela Woodbeck a levou para casa para servir como cão de serviço, Jessie passou semanas catando coisas do chão para a dona, ajudando-a a abrir portas e impedindo que a sua cadeira de rodas virasse. A cadela tornou-se extremamente afeiçoada a Pamela.

Um dia, Pamela empalideceu de repente e ficou com o olhar vazio. Logo depois, sentiu uma enxaqueca tão forte que parecia até mesmo um ataque. Sentindo-se péssima, passou vários dias na cama.

Jessie observava Pamela com uma preocupação evidente. Talvez associasse a sua dor a outros sinais de alerta da enxaqueca: mudanças químicas ocorridas no cérebro antes da enxaqueca, por exemplo, poderiam ter provocado um odor estranho que Jessie percebera com seu olfato apurado. Quaisquer que fossem os sinais, a cadela aparentemente pressentia que Pamela precisaria de uma dose extra de cuidados. E ela estava pronta para dispensar-lhe esses cuidados.

Semanas depois, quando Pamela encontrava-se sentada em sua cadeira de rodas, Jessie pousou as patas no colo dela, olhou-a nos olhos e ergueu as sobrancelhas castanho-avermelhadas. Em seguida, foi dali para a cama de Pamela e retornou tantas vezes e com tamanha urgência que a moça percebeu que Jessie queria que ela se deitasse. Uma hora depois, Pamela sentiu a enxaqueca começar. A cadela pressentira que a dor viria.

Dali por diante, sempre que a enxaqueca estava prestes a começar, Jessie fazia de tudo para que Pamela fosse para a cama.

Em *Cat Fancy*, Michelle Gomez conta uma história sobre a capacidade da sua gata de fazer diagnósticos. Meep era uma gata extremamente tímida; sua insegurança era tanta que Michelle tinha de fazer de tudo para agradá-la, se quisesse afagar-lhe o pêlo. Numa manhã, porém, Meep tornou-se tão agressiva quanto um leão.

Quando Michelle saiu da cama, ligou a TV e instalou-se no sofá para assistir ao seu programa favorito, Meep entrou de supetão na sala e pulou no colo da dona, enterrando as unhas no seio dela. Surpreendida pelo comportamento agressivo da gata — e pela dor —, Michelle empurrou a gata para longe.

Para amenizar a dor, Michelle massageou o seio, que sangrava. Foi então que sentiu um caroço. Alarmada, resolveu ligar para o médico. Depois de fazer várias mamografias, biópsias e outros exames laboratoriais para analisar os tecidos do seio, Michelle descobriu que estava com um tipo agressivo de câncer. De acordo com o médico, se Meep não a tivesse ajudado a perceber o caroço, em um ano ela provavelmente estaria morta.

Meep não foi o único animal que avisou o dono acerca de um câncer. Uma mulher em Londres ficou surpresa quando seu cão, Boo, começou a cheirar uma pinta que ela tinha na perna com tanta insistência que ela finalmente captou a mensagem do animal e foi procurar um médico. Descobriu, então, que a pinta era maligna.

George, um schnauzer gigante do Tallahassee, Flórida, também prestou um grande favor a Eddie Messer; no entanto, George fora treinado precisamente para detectar células cancerosas.

Durante uma das lições que George recebeu, seu treinador, Duane Pickel, deu um tubo de ensaio com células cancerosas para o cachorro cheirar. Então Duane deixou que George cheirasse Eddie, que estava deitado de bruços sobre uma maca em roupas de banho — com gazes espalhadas pelas costas. Sob uma delas apenas, Duane havia colocado células cancerosas, esperando que George as encontrasse. O cão, no entanto, as ignorou. Em vez disso, pôs-se a cheirar uma outra gaze posta sobre uma sarda que Eddie mostrara ao médico havia algumas semanas; este, no entanto, assegurara-lhe de que não havia nada de errado com a sarda.

George continuou cheirando sem parar a gaze, cutucando-a com a pata e olhando fixamente para Duane como que querendo chamar-lhe a atenção. Quando Duane instigou George a prestar atenção às outras gazes, o cão se recusou. Seu focinho voltou para a que estava sobre a sarda.

Deitado ali, Eddie continuou sentindo o focinho frio de George e então sua pata no ponto em que estava a sarda. Passou-lhe, então, pela cabeça que o cão estava fazendo muito mais do que simplesmente cumprir sua tarefa. O que mais o intrigou foi a ânsia do animal para prestar ajuda, o quanto parecia desesperado para que Eddie e Duane captassem sua mensagem.

— Parece tão importante para ele mostrar a gaze... — comentou Eddie ao treinador.

Diante da insistência de George, Eddie achou por bem voltar ao médico para que ele examinasse mais uma vez a sarda. O diagnóstico? Um melanoma maligno de terceiro grau.

Seiko, um poodle preto de tamanho padrão, fora colocado numa situação das mais difíceis. Como cão de serviço no Canadá, fora escolhido para ajudar Sue, que tinha de vinte a trinta ataques epiléticos por dia, devido provavelmente a um acidente que sofrera na infância.

Durante os ataques, Sue já rolara escada abaixo, quebrara os dois pés, queimara as pernas, fora atropelada por um carro e agredida por um ladrão. Depois de ser roubada pela segunda vez, ela ficara apreensiva demais para sair na rua e permanecera em casa por semanas. Seus ataques tornaram-se tão freqüentes e violentos que seus filhos tinham medo de ficar sozinhos com ela.

A chegada de Seiko deu à família de Sue e a ela própria uma nova esperança. Talvez o cão ajudasse a tornar a vida deles um pouco mais fácil, pensavam. O cão fora cuidadosamente treinado para perceber quando Sue estivesse sofrendo um ataque que exigisse socorro imediato; nessas ocasiões ele apertaria um botão até ouvir o ruído agudo de um *modem*, sinalizando que uma ambulância estava a caminho. Se Sue estivesse distante do *modem* e tivesse um ataque fora de casa, Seiko também saberia que sua tarefa era montar guarda ao lado dela e latir para afugentar possíveis ladrões — até que a ajuda chegasse ou Sue recuperasse a consciência e lhe desse um comando avisando-o de que estava bem.

Em poucos meses, Seiko salvou a vida de Sue várias vezes. A família dela sentia-se imensamente aliviada e Sue, extasiante. Ela simplesmente adorava o cachorro.

E pelo visto o cachorro sentia o mesmo por ela. Depois de oito meses cuidando de Sue com dedicação, o animal ficou tão apegado a ela que era capaz de prever os ataques — antes de qualquer pessoa. Embora ela mesma pudesse pressentir os ataque cerca de quinze segundos antes, Seiko conseguia sentir sua iminência meia hora ou até uma hora antes.

Mesmo sem ter sido treinado para isso, Seiko começou a avisá-la dos ataques puxando-a delicadamente para baixo com os dentes, na tentativa de evitar que ela se movesse, caísse ou se machucasse no momento do ataque. Às vezes, mesmo depois que o ataque passasse e ela lhe desse o comando para avisá-lo de que estava bem, o cachorro recusava-se a se mexer do lugar, ciente de que outro ataque estava a caminho. Em vez disso, ele lambia-lhe as mãos e a tocava com o focinho até que o outro ataque viesse e passasse.

Se ele e Sue estivessem andando na rua quando um ataque estivesse prestes a começar, Seiko recusava-se a seguir em frente, mesmo que ela se zangasse com ele. O cão estancava, forçando-a a parar. Se ela insistisse em continuar andando, Seiko obedecia, mas teimava em estancar a distâncias cada vez menores: a cada trinta passos, a cada dez e finalmente a cada cinco passos. Sue passou a saber quanto tempo faltava para o ataque começar contando o números de passos que Seiko dava antes de empacar novamente.

Com sensibilidade e compaixão comoventes, o cãozinho encontrara seu próprio jeito de cuidar dela da melhor forma possível.

— É Seiko que me faz ter uma vida digna de ser vivida — afirma Sue.

Karen Brazelton trabalhava tarde da noite em seu escritório na Able, Inc., uma casa comunitária que abrigava cinco deficientes, em Dickinson, Dakota do Norte. Enquanto tratava de seus negócios, os moradores dormiam, cada um em seu quarto, com a porta fechada. A casa estava em silêncio.

Karen, no entanto, que era deficiente auditiva, não se dava conta do silêncio — e de Shoo Shoo, o gato da casa, mestiço de siamês lilás e lynx, que saíra do sofá da sala, onde costumava dormir, e perambulava pelos corredores. O gato andou até os quartos dos moradores, cheirou uma das portas, arranhando-a com as patas. Depois correu de volta ao escritório de Karen. Sentou-se no vão da porta do escritório, como se estivesse armando cerco, e agitou a cauda peluda como se fosse um chicote, tentando chamar a atenção. Sem perceber a agitação do gato, Karen continuou absorta em seu trabalho.

Shoo Shoo morara na casa de Karen até que os filhos dela cresceram e se mudaram. Como ela e o marido trabalhassem o dia inteiro, o gato começara a se sentir solitário e deprimido. Então Karen o levara para morar na casa comunitária, onde ele logo encantara os moradores com seu hábito de roubar canetas carregando-as entre os dentes, beber sorrateiramente o conteúdo dos copos que encontrava e balançar o rabo no rosto deles.

Agora, na porta do escritório de Karen, ele apertava os olhos azuis e a olhava carrancudo. A dona olhou-o de relance, mas não se deu ao trabalho de se levantar e ir até onde ele estava. O fato de ser solenemente ignorado pareceu deixá-lo mais frustrado do que nunca. Ele correu ao longo do corredor dos quartos, então disparou de volta até a porta do escritório. Mais uma vez empertigou o rabo e o bateu no chão com nervosismo. Ao ver que Karen não saía da escrivaninha, ele voltou as costas para ela e disparou de novo pelo corredor.

Karen finalmente percebeu que o gato queria que ela o seguisse. Ela sabia que todos os moradores estavam dormindo com as portas fechadas. Shoo Shoo, que dormia na sala, não tinha como saber o que se passava com ninguém na casa, pois não podia ver através da porta. Mas isso não o fazia desistir de persuadi-la a segui-lo pelo corredor.

O gato mostrara a mesma insistência uma manhã, quando contornara a casa como louco, miando muito, e atirara-se sobre Karen, recusando-se a se acalmar. Pensando que o gato estava ficando louco, ela o seguira e encontrara um dos moradores tendo um ataque. Desse dia em diante, o gato passara a patrulhar a casa. Uma vez passou duas noites andando em círculos na frente de um dos quartos e fez tal estardalhaço que Karen finalmente examinou os olhos e a pele da dona do quarto, vindo a perceber que estavam com um tom amarelado. Os médicos do pronto-socorro diagnosticaram uma grave disfunção hepática.

Karen levantou-se da cadeira e seguiu Shoo Shoo até os quartos. Dirigiu-se primeiro ao quarto da moradora que passava mal com mais freqüência. Mas quando abriu a porta viu que ela dormia tranqüila. Shoo Shoo ainda não estava satisfeito, no entanto. Conduziu Katen até outra porta e começou a arranhá-la e a miar. Quando Karen abriu a porta, viu que a senhora que ocupava estava sofrendo um ataque.

Shoo Shoo invadiu o quarto e colocou as patas sobre a beirada da cama, descansando a cabeça no colchão. Karen ficou ali com a mulher até o ataque passar, enquanto Shoo Shoo mantinha sua vigília ao lado da cama. Finalmente, quando a moradora voltou a si, o gato deixou o quarto e voltou para o sofá da sala, onde costumava dormir.

CAPÍTULO QUINZE

Bondade com as Crianças

Belle, uma retriever do labrador preta que vivia em Lunenburg, Nova Escócia, era obediente e afetuosa. *Nunca* deixava de atender quando era chamada. Leal cão de guarda, ela protegia Kenny Knickles, de 3 anos, e o seguia aonde quer que fosse.

— Vou brincar lá fora — informou Kenny à mãe, Nancy, numa manhã de inverno.

Da mesa da cozinha, ela ergueu os olhos do jornal:

— Divirta-se!

Belle seguiu para fora, atrás de Kenny. Além de tomar conta dele, a cachorra chutava bolas para ele, ia buscar seus discos de hóquei e o puxava seu trenó com uma corda, levando-o para passear pelo quintal. Quando Belle estava com Kenny, Nancy nunca se preocupava.

Ela acabou de ler o jornal e falou por um momento ao telefone, antes de ir dar uma olhada no filho. Ao sair para o quintal, viu que ele e a cadela não se encontravam mais ali. Enquanto estivera ao telefone, eles provavelmente sentiram frio e entraram. Ela procurou pela casa, mas não os encontrou.

Então Nancy caminhou pela neve até um bosque nas redondezas, onde eles costumavam brincar. Nem sinal deles. Chamou-os pelo nome e Kenny não respondeu; Belle também não apareceu, o que a deixou mais alarmada. Preocupada, Nancy correu de volta para casa e telefonou aos vizinhos. Mas ninguém vira Kenny ou Belle.

Em pânico, ela telefonou para o marido, Kenneth, no escritório.

— Eles *devem* estar perdidos no bosque! — ela insistia.

— Você olhou perto do canal?

O canal do porto de Lunenburg, que na ocasião estava com metade da largura normal e tinha três metros de profundidade, passava pela propriedade da família.

— Eles nunca vão perto da água. Não podem estar lá! — Nancy assegurou a Kenneth — e a si mesma.

Enquanto Kenneth corria para casa, repassava mentalmente todos os lugares possíveis em que o filho poderia estar e as razões por que Belle não atendera ao chamado de Nancy. Ao cruzar a ponte sobre o canal, lançou um olhar para a água parcialmente congelada e ficou chocado ao ver Belle pendurada pelas patas a um bloco de gelo, perto da margem. Só suas patas e sua cabeça eram visíveis acima da neve derretida.

Belle não teria nenhuma dificuldade para nadar para um lugar seguro. Mas, em vez disso, Kenneth estava certo de que, com seu corpo negro contra a neve branca, ela marcava o lugar onde Kenny seria encontrado. Pendurada ali, ela queria que alguém a visse e viesse resgatar o menino. Usando seu corpo como referência, ela clamava por ajuda.

Kenneth parou o carro e correu para ajudá-la, encharcando os sapatos na neve e tiritando de frio, em direção à margem. Quando enfiou a cabeça na água para olhar sob a crosta de gelo, viu uma das luvas de Mickey Mouse de Kenny boiando na superfície.

O coração de Kenneth bateu com tanta força que ele sentiu as têmporas palpitarem. Com Belly choramingando, ele atirou seu chapéu na água para ver a direção da corrente — e para onde ela poderia ter arrastado Kenny sob o gelo. Seguindo o chapéu com os olhos, Kenneth divisou um pedacinho do blusão de Kenny na superfície do canal — *a menos de 3 metros de onde Belle tinha se pendurado*. O garoto virara de cabeça para baixo na água. O ar preso no blusão mal o mantinha flutuando.

Assim que Kenneth viu o filho, Belle atirou-se na água novamente e nadou para salvá-lo. Nancy corria para o canal enquanto Kenneth o cruzava, pulando sobre os pedaços de gelo que flutuavam na superfície. Deitando sobre uma grossa camada de gelo, ele puxou Belle para fora da água e, junto com ela, Kenny. A cachorra observou atentamente enquanto Kenneth comprimia freneticamente o peito do filho; a água saindo aos borbotões da sua boca.

Kenneth pegou o filho nos braços e cruzou o canal de volta para a margem, pulando sobre pedaços de gelo. Certo de que o filho estava morto, sentia-se entorpecido pelo choque. Nancy cobria o rosto com as mãos e soluçava. Belle latia como que pedindo socorro.

Quando os bombeiros chegaram, a cadela ficou tão excitada ao vê-los que choramingou, pulou sobre eles e tentou subir na ambulância junto com o corpo sem vida de Kenny. Enquanto a ambulância acelerava, ela corria atrás do veículo, até que Nancy e Kenneth a forçaram a voltar para casa. Mesmo assim, a cachorra corria de um cômodo para o outro, parecendo perdida e inconsolável.

Nancy e Kenneth a puseram no andar inferior e foram para o hospital, crispados de dor. Não acreditavam que os médicos pudessem fazer Kenny voltar à vida.

— Ele ficou debaixo da água por meia hora — comentou um médico. — Mesmo que seja trazido de volta, seu cérebro estará danificado.

Mas os médicos tentaram revivê-lo de qualquer forma. Embora o coração do menino voltasse a bater, eles não estavam otimistas. A chance de Kenny, avisaram, era de 5 por cento.

Enquanto Kenny lutava pela vida, Kenneth e Nancy iam e voltavam do hospital todos os dias. Belle ficava em casa apática e desanimada. De quando em quando, ela ia até o canal e olhava a água, talvez tentando ver se Kenny estava lá. Então corria de volta para o quintal como se estivesse procurando o menino. Aí, sentava-se na varanda da frente e não desgrudava os olhos da rua, à espera dele.

Depois de três semanas, Kenny voltou para casa — sem nenhuma lesão no cérebro. Um milagre.

A inteligência e o sacrifício de Belle foram outro milagre. Por semanas os pais se perguntaram: "E se Belle tivesse deixado Kenny no canal e voltado para atender ao chamado de Nancy? E se a corrente tivesse levado Kenny para longe, sob o gelo, enquanto Belle estava com Nancy?" Então, nem mesmo a cachorra saberia onde ele estava. Se ela não tivesse se pendurado no bloco de gelo, molhada e tremendo de frio, para marcar o ponto onde Kenny caíra, o pai do menino nunca o teria encontrado a tempo.

Embora Belle gostasse tanto de água quanto a maioria dos cães de caça, ela nunca mais nadou no canal onde Kenny quase morrera. De vez em quando, a cadela olhava para a água e latia. Será que se lembrava? Será que tentava avisar Kenny para ficar longe dali? Ainda o protegia do perigo? Ninguém saberia com certeza.

Bruno, um pastor alemão, seguia atrás de Donnie Skiffington, de 11 anos, enquanto ele andava de bicicleta nos arredores da cabana de sua família em Princeton, Newfoundland. Então o menino resolveu fazer uma trilha diferente, pedalou ribanceira abaixo e bateu numa pedra que fez a bicicleta arremeter violentamente contra seu rosto, deixando-o desacordado. O menino voou direto para uma vala, no sopé da colina, onde ficou, sangrando na testa e perto do olho, em meio aos ferros retorcidos da bicicleta.

Bruno correu até ele, ficou ali olhando para o garoto e pôs-se a lamber o sangue de seu rosto, enquanto o menino recuperava a consciência. Mesmo assim, Donnie estava desorientado e sentindo dores demais para buscar a ajuda dos pais. Bruno fez isso por ele. Correu até onde estava a mãe de Donnie, Cindy, agarrou delicadamente a mão dela e tentou puxá-la em direção à ribanceira, onde estava o filho. Pensando que o pastor alemão só queria brincar — e fazê-la perder tempo —, ela o ignorou, voltando para seus afazeres.

Mas Bruno recusava-se a desistir. Correu de volta para onde estava Donnie, ainda traumatizado e sangrando, ali no chão. Quando o menino começou a chorar, Bruno aparentemente tomou uma decisão: se ele não conseguia fazer com que o socorro *chegasse* até Donnie, *levaria* Donnie até onde fosse socorrido. Agarrou com os dentes o colarinho da camisa do garoto e arrastou-o para fora da vala e ladeira acima. Só então o pai de Donnie, Eric, que cortava lenha no alto da colina, viu o cão em seu esforço desesperado para arrastar o menino.

Eric e Cindy levaram Donnie para o hospital, onde ele precisou levar vinte pontos. Quando o menino chegou em casa, o pastor alemão deitou-se aos seus pés e velou-o como uma solícita enfermeira.

Jenny, uma musculosa rottweiler de 45 quilos, gostava de andar atrás de Veronica Retana, que trabalhava como babá em Pound Ridge, no Estado de Nova York. A cachorra seguia a babá e as crianças de cômodo em cômodo. Não importava o quanto a criançada judiasse dela, Jenny estava sempre nos calcanhares de Veronica.

Uma tarde, um homem ruivo usando rabo-de-cavalo e bigodes bateu à porta.

— Vim pegar o bebê — justificou.

O homem explicou que o pai da criança tinha sofrido um acidente de carro e estava sendo levado às pressas para o hospital. A mãe, a caminho do hospital, queria que o bebê estivesse com ela.

Veronica analisou o rosto gordo e marcado de acne do estranho e viu seu próprio rosto refletido no óculos de sol dele. Suspeitando que o homem mentia para ela, pediu que ele esperasse até que ela ligasse para a mãe do bebê.

Veronica encostou a porta e entrou para telefonar. Jenny estava deitada no chão, vigiando a criança. O homem então empurrou a porta e entrou na sala, levando à força a garotinha. Depois fugiu para a rua, correndo em direção a uma van branca onde uma mulher o esperava com o motor ligado. Instantaneamente Jenny saiu em seu encalço.

Tentando impedir que o homem entrasse no veículo com o bebê, a cachorra correu em círculos em torno dele, latiu, rosnou e pulou sobre ele. Como ele resistisse, ela cravou os dentes no braço dele, fazendo com que derrubasse a criança aos prantos no gramado. Veronica correu para fora de casa só a tempo de ver o homem entrando na van e fugindo a toda velocidade. A rottweiler cheirava o bebê com delicadeza. Embora a menina chorasse muito, estava sã e salva.

Os animais podem ser extremamente sensíveis com relação a crianças. Além de tentar salvá-las em situações de emergência, eles quase sempre procuram ajudá-las quando estão perdidas. Fazem companhia a elas e tentam de tudo para mantê-las aquecidas até que alguém as encontre, ou então mostram a outras pessoas onde as crianças estão.

• Lady, uma mestiça de collie e pastor alemão, seguia Tommy Abel, um garotinho de 3 anos que estava perdido numa floresta no subúrbio de St. Luis. Quando Tommy ficou atolado num pântano, tentou de toda forma sair dali. Mas ao pôr-do-sol, quando a temperatura caiu, ele já estava atolado até os joelhos e exausto demais até para gritar por ajuda.

Ansiosa para ajudá-lo, Lady cruzou a floresta a toda e encontrou dois funcionários de uma companhia telefônica. A cadela ganiu e correu várias e várias vezes na direção onde estava o menino depois voltou até os homens, até que entenderam que ela queria que eles a acompanhassem. Juntando rapidamente o equipamento de trabalho, os homens a seguiram e encontraram Tommy, ainda preso no pântano. Depois de libertá-lo, eles o levaram para casa na companhia de Lady.

• Ringo, um mestiço de são-bernardo e provavelmente de chow-chow, ficou visivelmente agitado quando viu Randy Saley, de 2 anos e meio, sentar-se no meio de uma estrada movimentada, logo depois de uma curva fechada a alguns quilômetros de casa. Ringo ficou ele mesmo na curva, na tentativa de impedir que os carros passassem e atropelassem Randy. Se os carros não parassem rápido o suficiente, *Ringo atirava-se na frente deles*.

De quando em quando, o cão corria até onde o menino estava e cutucava-o com o focinho, empurrando-o em direção ao acostamento. Mas, toda vez, Randy pensava que o cachorro estava brincando — e voltava correndo para o meio da estrada. Mas Ringo *não* estava brincando. Em quinze minutos, ele já havia provocado uma fila de quarenta carros parados na curva. Ficou tão exausto na tentativa de proteger o menino que andava ofegante pelo asfalto, quase arrastando os pés.

Harley Jones, motorista de um dos carros, caminhou até o começo da fila e encontrou Randy. Depois de tranqüilizar Ringo, Harley pegou o garotinho e levou-o para a margem da estrada. Mas, por todo trajeto, o cão o acompanhou com a boca bem próxima à panturrilha do homem, pronto para abocanhá-la caso ele machucasse o menino. Só quando viu a criança a salvo e a caminho de casa é que Ringo deixou que os quarenta carros passassem.

• Joe Stadler regava seus campos de feno em Oakdale, Califórnia, enquanto Mutt, seu cão mestiço de border collie, corria atrás dele e cheirava as bordas da vala onde a água se acumulava. Mutt de repente parou, levantou a cabeça e ficou olhando o declive por onde a água escoava. Depois desceu pela vala até uma protuberância branca na relva.

Choramingando e sacudindo a cauda, Mutt parecia querer avisar que algo estava errado. Joe resolveu investigar. Foi até onde estava o cão e viu uma toalha branca com estampas do Garfield, onde estava enrolado um bebê abandonado. Nas palavras de Joe:

— Mutt sabia que o pequeno ser precisava de ajuda.

Ben, um cão da raça golden retriever, estava deitado, como sempre, embaixo da escrivaninha de Wayne Sawyers, procurador da Virgínia. Quando dois irmãos, de 8 e 9 anos, entraram no escritório, o cachorro pôs-se de pé na mesma hora e olhou para Wayne, pedindo permissão para se aproximar dos meninos. Os dois se sentaram no sofá, com os músculos rijos de tensão.

Wayne, que ficara com a guarda temporária dos dois após o divórcio dos pais, iria conversar com eles e estabelecer qual dos pais ficaria com a custódia. Então sua tarefa era fazer com que o juiz aceitasse dar a custódia para qual dos pais ele achasse ser mais capacitado. Os irmãos nunca tinham visto Wayne antes. Nervosos e cheios de receio, ficaram ali olhando o tapete e as costuras dos sapatos. Um dos irmãos limpou a garganta.

— Vocês têm medo de cachorro? — perguntou o promotor.

— Não.

— Tudo bem, então, Benny! Vá até lá!

Benny saiu de trás da escrivaninha. Como ele sempre fazia quando encontrava alguma criança, começou a saltitar pela sala, sacudindo o rabo e pedindo carinho. Então cutucou os meninos com seu focinho de bala de goma. As lambidas do cão desanuviaram o rosto dos meninos, que começaram a esboçar um sorriso.

— Ele é meu cão de serviço — esclareceu Wayne. — Sabe acender a luz e leva meus documentos na boca até os funcionários do tribunal.

Ao ouvir isso, os irmãos olharam para Wayne pela primeira vez.

— Uma vez ele me trouxe um gatinho recém-nascido e um filhote de coelho com uma perna quebrada — contou o promotor. — Queria que eu os ajudasse.

— Você ajudou?

— Claro!

A confiança dos meninos em Wayne pareceu aumentar mais um pouco.

— Vocês têm algum bichinho de estimação?

Os meninos comentaram sobre o gato e o hamster que tinham em casa, enquanto alisavam o pêlo dourado de Ben. Logo estavam rolando no tapete com o cachorro e rindo com seus latidos brincalhões.

Pouco a pouco, Wayne foi conduzindo a conversa para assuntos mais sérios. Perguntou o que eles faziam em casa quando voltavam da escola, se a mãe os ajudava nos deveres de casa e se o pai parara de beber.

Enquanto os garotos respondiam, Ben aguardava; sua mera presença fazia com que as crianças se sentissem mais seguras.

Depois de uma série de conversas com os irmãos, Wayne foi ao tribunal com Ben, defender a guarda conjunta.

— Todos de pé! — ordenou o meirinho.

Como todo mundo na sala, Ben pôs-se de pé, como sempre fazia quando o juiz entrava no tribunal.

CAPÍTULO DEZESSEIS

Favores para Estranhos

Perguntei a Marc Bekoff, um veterinário behaviorista da Universidade do Colorado:

— Por que os animais são tão gentis conosco?

Ele se baseou nos cães para dar sua explicação:

— Porque eles fazem parte da família. Considero meu cachorro um membro da minha família. E ele me vê da mesma forma.

Em outras palavras, assim como as pessoas costumam ajudar os parentes e amigos mais próximos, os bichos também vêm em auxílio das pessoas mais chegadas. Os animais se preocupam com o bem-estar dos membros da sua família humana.

Essa teoria, no entanto, não leva em conta as ocasiões em que os animais são gentis com estranhos. Criaturas de muitas espécies têm demonstrado compaixão por pessoas que nunca viram antes.

Um cão encontrou uma mulher desmaiada numa pista de cavalos. Sentou-se ao lado dela e latiu sem parar até que atraiu a atenção de alguém que pôde ajudá-la. Outros cães correram para ajudar estranhos em outras situações de perigo — dois garotinhos agarrados a uma canoa virada que afundava em águas geladas; um adolescente que escalava uma montanha pendurado num despenhadeiro, com o corpo enroscado numa corda; e um homem se esvaindo em sangue, preso num depósito deserto, sob o pneu de uma raspadeira de mais de 1 tonelada.

Tara, uma cadela pastor alemão de Duncan, na Colúmbia Britânica, andava a esmo por uma floresta quando um motociclista ali perto desceu em alta velocidade por uma linha de trem. Num cruzamento, o piloto bateu num dormente atravessado nos trilhos e perdeu o controle da moto. Seu corpo voou pelo ar, aterrissando ruidosamente no chão. Quase em estado de coma, o rapaz gemia de dor. Sofrera ferimentos graves nos joelhos e nos cotovelos.

Tara empertigou as orelhas, aproximou-se dos trilhos e ouviu com atenção. Os gemidos convenceram a cachorra de que alguém estava de fato com problemas. Ela não teve dúvida. Disparou para casa em busca de Helmut Langer, que trabalhava num armazém atrás de sua casa. Ao encontrá-lo, pôs-se a latir com tanta insistência que ele não pôde ignorá-la.

Helmut finalmente se levantou da escrivaninha e olhou pela janela. Tara o fitou intensamente e depois correu em direção à linha do trem. A certa distância, parou e olhou de volta para ele. A pastora obviamente queria que ele a seguisse e parecia determinada a transmitir sua mensagem.

Helmut saiu às pressas do celeiro e correu atrás de Tara, até ouvir gritos abafados de alguém pedindo socorro. No meio dos trilhos, estava caído um jovem, imobilizado depois de ter sofrido um acidente com sua moto. Embora fosse um completo estranho para Tara, a cadela permaneceu junto dele até que os paramédicos o levaram para o hospital.

Vinte minutos depois, um trem passou rugindo pelos trilhos.

Veda Rhyne voltou da igreja para casa, em Gastonia, Carolina do Norte, e deixou sair Spud, seu travesso cachorrinho mestiço de cocker, para que ele pudesse correr livremente pela vizinhança. As orelhas de Spud, que às vezes ficavam em pé e às vezes caídas, balançavam enquanto ele saltitava de um lado para o outro pelas ruas. O cachorrinho cheirava daqui e dali, esquadrinhando o asfalto com o focinho.

Depois de uns 500 metros, Spud encontrou um homem caído num gramado, perto de um cortador de grama. Mark Pruitt tinha sofrido um ataque do coração enquanto cuidava do jardim. E ninguém ouvira seus débeis gritos de socorro.

Spud cruzou uma valeta e dirigiu-se apressado para uma casa do outro lado da rua. Deu uma volta por ali e foi direto para a varanda onde Ruth Moore descansava em sua cadeira de balanço. Spud latiu, uivou implorando atenção e voltou a correr ansioso pela frente da casa, indo de um lado para o outro.

— Há alguém lá atrás no meu jardim? — Ruth perguntou ao cãozinho.

Mas ela não perguntara a sério. Tinha certeza de que não havia ninguém ali. Continuou então a se balançar, enquanto o cachorro desaparecia, voltava e sentava-se ao lado dela, latindo outra vez. Quando ele correu novamente para os fundos da casa, Ruth começou a ficar preocupada. Parecia desesperado para comunicar algo. Talvez *houvesse* de fato alguém nos fundos.

Ruth achou melhor averiguar e entrou em casa, indo até a porta dos fundos. Chegando lá, olhou para o quintal. Embora não houvesse ninguém ali, viu seu vizinho caído na grama, logo depois da valeta. Spud, de pé ao lado dele, ainda latia.

— Está tudo bem com você? — gritou para Mark.

— Me ajude! — respondeu ele fracamente.

Ruth chamou a ambulância.

No mês seguinte, Mark trouxe para Spud uma meia de Natal cheia de ossinhos de couro mastigável, para ele brincar à vontade. Mark ainda estava abismado com o fato de Spud ter recorrido a um estranho na tentativa de salvar alguém que ele também não conhecia. Teve certeza de que Deus mandara o cãozinho para que sua vida fosse poupada. E Ele devia ter uma razão para isso. Mark ainda está tentando decifrar que razão seria essa.

Um dia, uma jovem estava lavando, pelo lado de fora, as janelas da casa onde trabalhava em Spencer, Indiana. De repente, um homenzarrão de pelo menos 1,80 metro e pesando mais de 130 quilos apareceu como que do nada. Embora a manhã estivesse fria, ele não vestia nada sob a jardineira de *jeans*; as pernas da calça estavam enfiadas dentro de coturnos enlameados. Sua aparência era suja e desgrenhada.

Só de vê-lo a jovem ficou assustada. O pressentimento de que estava em perigo estava mesmo certo, mas ela não teve como escapar quando ele puxou uma faca e a encostou no pescoço dela.

— Entre na caminhonete! — ele lhe ordenou, empurrando-a para o banco do motorista do veículo do patrão dela. — Dê a partida!

Aterrorizada, ela girou a chave no contato.

Depois que haviam cruzado a cidade na caminhonete e chegado ao limite da cidade, o homem apontou para uma estrada deserta, usada para transporte de madeira.

— Vire aqui!

Ela fez o que ele mandara. Um pouco à frente, avistou uma casa. Ela pediu a Deus que houvesse alguém lá.

O homem então ordenou que ela voltasse, mas ela tremia tanto que quase não conseguiu engatar a marcha à ré. Quando estavam a uns trezentos metros da casa, a caminhonete caiu num buraco. Quanto mais ela acelerava, mais o carro atolava na lama.

O rosto do homem começou a ficar vermelho de raiva.

— Cai fora do carro!! — ele vociferou.

Para ter certeza de que ela obedeceria, o marginal mostrou a faca e empurrou-a porta afora. Quando percebeu que ele a levava em direção a um matagal, a jovem entrou em pânico. Num lugar ermo e escuro como aquele, decerto ninguém viria em seu auxílio. Depois que o homem a deixasse, ninguém nem mesmo a *encontraria*. Estava tão assustada que seus pulmões sequer conseguiam sorver o ar, mas ela continuou andando.

Nesse instante, Bruno, um musculoso mestiço de pastor alemão, com pernas não muito maiores do que as de um basset hound, vagava no meio do mato. Embora tivesse pernas curtas, o cachorro era ágil o suficiente para escalar a cerca do quintal da casa onde morava e perambular pela extensa propriedade de Louis Brown. Enquanto Bruno explorava as árvores do lugar, ele notou um homem na estrada, empurrando com violência uma mulher. Talvez ela o fizesse lembrar das filhas de Louis, que ele costumava proteger.

Rosnando, Bruno investiu contra o homem, pulando direto na garganta dele. Ao sentir os dentes do cachorro afundando em sua garganta, o homem largou a jovem e correu em fuga. Mas Bruno não acabara ainda. Perseguiu o homem ao longo da estrada, enquanto a jovem corria, soluçando, em direção à casa. O proprietário imediatamente chamou o xerife.

Os policiais empreenderam uma busca por toda região, mas foi em vão. Um homem cuja descrição combinava com a dele havia sido pego num depósito de sucata e libertado. Quem quer que tivesse aterrorizado a jovem, havia desaparecido sem deixar vestígios.

Alguns anos depois, Bruno passeava pelo mato, numa região um pouco mais afastada do que estava acostumado a ir, quando alguém o alvejou. Louis encontrou seu cão jogado numa vala, com uma bala na barriga. Bruno, que tentara com tanto empenho salvar uma pessoa estranha, também tinha sido *morto* por um estranho. Louis não conseguiu compreender essa injustiça.

Em *Animal Heroes*, Byron G. Wells comenta sobre uma garotinha que montava a cavalo pela primeira vez num parque panorâmico do Brooklin. Ela conduzia o cavalo cuidadosamente por uma sinuosa trilha para cavalos, quando, ao passar por baixo de uma ponte, alguns arruaceiros jogaram pedras no cavalo, assustando-o. O animal disparou num galope desenfreado. A garota, aos gritos, largou as rédeas e seus pés escaparam dos estribos. Agarrada ao pescoço do cavalo, ela ficou ali, colada a ele, enquanto empreendia seu galope.

Um homem montando outro cavalo correu atrás da garotinha e emparelhou seu cavalo com o dela, na tentativa de fazê-lo diminuir a velocidade. Quando os dois cavalos galopavam lado a lado, o homem alçou a garota pela cintura e tirou-a da sela, deixando que o cavalo assustado continuasse a avançar sozinho. Mas, em vez de seguir em frente em sua desabalada carreira, o cavalo moderou o passo junto com o cavalo do homem, até que, finalmente, ambos pararam ao mesmo tempo.

Depois de pôr a menina no chão, o homem percebeu que seu cavalo havia agarrado com a boca os arreios do outro, com a intenção de fazê-lo parar.

Numa manhã de clima ameno em Dobbins, Califórnia, David Giles ligava a secadora de roupas na garagem. Ao sair para o quintal por um momento, distanciando-se do zumbido do motor da máquina, ele pôde ouvir um som estranho, parecido com o chamado de um pássaro, embora fosse diferente do canto de qualquer pássaro que conhecesse.

Em geral, ele sabia identificar qualquer pássaro que cantasse nas montanhas de Sierra Nevada, nas cercanias de sua casa. Aquele som, portanto, era um verdadeiro mistério. David encolheu os ombros, intrigado, e voltou para a garagem na companhia de seu pastor alemão Ernie, que era quase surdo.

Um pouco antes de entrar na garagem, no entanto, ele olhou de relance para um canto do quintal, que terminava num barranco escarpado. Viu seu gato Bustopher Jones no alto do barranco, olhando para baixo. Bustopher Jones era um gato todo preto, com peito e "polainas" brancos e fama de briguento.

Tudo na expressão e no comportamento do gato dava a entender que havia algo errado "lá embaixo". Bustopher estava imóvel na beirada do declive, com todo o corpo tenso. A testa franzida, o rabo empertigado. A pata direita apontando na direção das árvores da parte mais baixa do quintal. Apontar era algo que ele aprendera não fazia muito tempo.

Logo que David casara-se com sua mulher, Marjorie, Bustopher era um gato arisco e mal-educado que costumava derrubar livros da estante e escalar cortinas. Além disso, gostava de usar o sofá de David para afiar as unhas e o tapete oriental para fazer suas necessidades. Mas a ida para a casa de Marjorie representara uma mudança para melhor. Ela o mergulhara numa solução antipulgas e deixava-o solto para que ele pudesse afiar as unhas nas árvores e no cascalho, não nos móveis. Com o passar do tempo, o bichano fora ficando muito mais educado e mostrando mais consideração pelos donos.

Ele também adquirira o estranho hábito de apontar com a pata como fazem os cães perdigueiros. Sempre que um veado aparecia nos arredores da casa, o gato dava alguns passinhos para trás e apontava a pata direita para o bicho. Bustopher também apontava para pássaros, esquilos e toupeiras.

Achando talvez que o gato tivesse topado com algum bicho, David atravessou o gramado para ver do que se tratava. Ao se afastar alguns metros do barulho da máquina de secar, ouviu o estranho chamado do "pássaro" outra vez.

Quanto mais perto David chegava do gato, mais forte ficava o chamado.

— Me ajude! Me ajude! — uma mulher gritava freneticamente do fundo do barranco. A voz dela parecia vir de pelo menos 7 metros de distância.

David deixou Bustopher, que ainda tinha uma expressão preocupada, e desceu o barranco com Ernie, para investigar. O gato continuava acompanhando-os com os olhos, enquanto seguiam pela trilha tortuosa e escarpada.

— Me ajude! — implorava a mulher.

— Estou indo! — gritou David.

— Graças a Deus! — ela exclamou, aliviada.

Quando chegou mais perto, David pôde ver Talma Crenshaw, de 84 anos, caída num buraco de grande profundidade. Ela descera até ali para fechar a torneira do irrigador e caíra no buraco, quebrando a bacia. Por mais de uma hora, ficara ali deitada no chão frio, com dores terríveis e perdendo e recuperando a consciência várias vezes.

David cobriu-a com sua jaqueta e correu para chamar uma ambulância. Ao voltar com os paramédicos, Talma perguntou:

— Como você conseguiu me ouvir?

— Não ouvi. Quem a ouviu foi meu gato.

Do alto do barranco, Bustopher continuava acompanhando o resgate com os olhos, aparentando preocupação com a mulher que ele nunca vira.

CAPÍTULO DEZESSETE

Dom de Prever

Ainda que, por vários dias, uma sucessão de tempestades tivesse assolado o Rancho Arnaz, na Califórnia, a chuva tinha finalmente passado e o sol aparecera majestoso. Sandy LaChaine e sua namorada, Leslie Harrison, saíram à noite para visitar alguns amigos, sem sequer pensar em enchentes ou outros perigos do tipo.

Sandy dirigia sua picape Toyota com Leslie ao seu lado, numa estrada que cruzava o riacho San Antonio. Normalmente, apenas um estreito curso de água invadia a estrada, e cruzá-lo não era problema. Sandy entrou cuidadosamente no riacho, certo de que ali as águas eram rasas. A escuridão da noite, entretanto, não o deixou ver que as chuvas haviam cavado uma cratera dentro do rio. As águas instantaneamente engolfaram a picape, puxando-a como a um barco de brinquedo para um banco de areia.

O veículo balançava de um lado para o outro. A qualquer momento, a forte correnteza arrastaria Sandy e Leslie para as águas profundas. Tremendo muito, permaneceram sentados na cabina, pensando no que fazer. Quando o nível da água chegou ao pára-brisa, viram que precisavam fazer algo *imediatamente*.

Resolveram sair da cabina pelas janelas e sentar na caçamba, onde, abraçados um ao outro, gritaram até ficarem roucos. Mas o barulho da água era tanto que ninguém os ouvia.

Exceto Otto, um filhote de daschshund com menos de 6 quilos, que latia, gania e corria pela casa como se uma bomba tivesse caído sobre ele. Sua família, Linda e Larry Nass, ignorou-o, achando que se tratava apenas de mais uma das suas demonstrações de histeria juvenil. Certamente, pensavam eles, o cão estava só tentando afugentar os carros que passavam na estrada e proteger a casa como sempre fazia.

Otto, no entanto, não se conformava. Com suas perninhas roliças, rodava de cômodo em cômodo, em total frenesi. Sem dar ouvidos a nada que Linda e Larry diziam a ele, Otto não estava disposto a desistir da tarefa da qual se incumbira. Em total alarme, o cãozinho latia a plenos pulmões, com a autoridade de um elefante.

Larry finalmente cedeu de má vontade, pegou uma lanterna e saiu de casa para ver o que tornara o doce bichinho um louco desvairado. Otto o seguiu com seu passinho ágil em direção ao riacho e latiu novamente.

À luz da lanterna, Larry viu Sandy e Leslie presos na caçamba da picape. Pegou, então, Otto com uma das mãos para que ele parasse de latir e não caísse acidentalmente na água. A seguir disparou para casa e ligou para os bombeiros.

Em minutos, caminhões de bombeiros, ambulâncias e carros da polícia rodoviária chegaram com suas sirenes e luzes piscantes. O grupo de resgate estendeu uma escada até a Toyota e Sandy e Leslie rastejaram por ela para fora da água, até o banco de areia. Bombeiros, paramédicos, todos ficaram ansiosos para conhecer Otto, que já estava tranqüilo no final do salvamento. Sandy, aliviada e grata por pisar em terra firme, envolveu o filhote nos braços.

No dia seguinte, a mãe dela, Maree LaChaine, foi dar uma olhada na picape, que ainda estava imersa no riacho.

— Meu Deus! — exclamou. — Eles morreriam afogados se tivessem tentado chegar à margem sem a ajuda do resgate!

Felizmente, os jovens não precisaram fazer isso. Um atento filhote de daschshund os livrara dessa.

É comum que gatos e cachorros ajudem as pessoas em ocasiões de desastre natural. Com uma estranha capacidade de prever o futuro, algumas criaturas chegam a nos avisar do perigo *antes* mesmo que ele aconteça.

- Toto, um gato rajado italiano, miou, arranhou e correu de lá para cá pela casa. Depois que finalmente conseguiu fazer com que a família saísse para o quintal, o monte Vesúvio entrou em erupção. A família de Toto observava de um lugar seguro quando a lava derretida arrasou o vilarejo onde moravam, matando trinta dos seus vizinhos.

- Calliope, um gato mencionado na revista *Cat Fancy*, correu pela casa e miou até acordar a dona. Quando ela saiu da cama, Calliope pulou no seu colo, lambeu suas pálpebras e soltou um miado longo e estridente. Três minutos depois, um terremoto sacudiu a casa.

- Buddy Ben, um mestiço de pastor alemão, acordou quando um tornado arrasava a região de Lawton, em Oklahoma, onde estava o *trailer* de sua família, Dave e Linda Hickam. Buddy Ben apoiou as patas da frente na cama deles, choramingou e deslizou sua enorme língua pelo rosto deles, até fazê-los acordar. Então subiu sobre Dave e o fez levantar da cama na marra — segundos antes de o tornado arremessar outro *trailer* sobre o teto deles, no exato local onde ele estava deitado.

O furacão Fran perdera quase toda força ao chegar a Raleigh, Carolina do Norte, mas ainda sacudia as árvores como se fossem palitos de fósforos. Depois de ver na TV notícias da destruição, Eddie e Patti Clinton amarraram os guarda-sóis e a mobília do pátio perto da piscina, puxaram água com a bomba de água para o caso de as árvores caírem sobre os cabos elétricos e foram verificar se o gato e a beagle de estimação, Mini, dormiam juntos na varanda. Foi com um sentimento de preocupação que foram para a cama nessa noite.

Quando o vento começou a soprar por entre as árvores, Eddie já havia caído no sono. Patti, no entanto, preocupada demais para fechar os olhos, preferiu ficar acordada, lendo. Do lado de fora, Mini choramingava.

Choramingava? Patti baixou o livro e esforçou-se para ouvir, em meio ao barulho do vento, os ganidos tristes e abafados da cadela. De vez em quando Mini latia ou uivava durante a noite, mas choramingar? Nunca. Com certeza ela estava tentando chamar a atenção de Patti e Eddie.

Mini tinha sido abandonada na floresta perto da casa deles e sobrevivera sozinha por três dias, antes que Patti a encontrasse; ela era tão pequenina que cabia na palma da mão dela. O filhotinho tinha parasitas, uma perna machucada e uma ferida aberta e purulenta de um lado do corpo. Por semanas, Patti a alimentara com um conta-gotas e a mantivera aquecida com uma almofada térmica, enquanto ela se recuperava.

Quando ficara adulta, a beagle fizera o possível para retribuir todo o bem que recebera. Quando a gata dos Clinton dera à luz um gatinho adoentado, Mini aninhara-o junto ao corpo dela para mantê-lo aquecido e cuidara dele.

Naquele mesmo instante, enquanto o furacão Fran açoitava as árvores do lado de fora, os dois animais com certeza deviam estar aconchegados um ao outro, como faziam todas as noites, na varanda da casa.

Mas por que choramingando? Com os lamentos de angústia de Mini, a apreensão de Patti virou pânico. Ela saiu da cama e atravessou o quarto rumo à porta do hall. Quando olhava para fora, tentando ver o que poderia estar causando os chamados lamurientos da beagle, uma árvore derrubada pelo vento desabou sobre o telhado da casa.

Patti gritou. Instintivamente, atirou-se porta afora para não ser atingida pela árvore, enquanto Eddie rolava da cama para o tapete — e a árvore partia o telhado ao meio. Seu tronco aterrissou exatamente onde o casal dormia.

Eles não tiveram tempo para agradecer por não terem sido esmagados. Galhos e lascas de madeira voavam por todos os lados. Eddie levantou-se de um salto. Ele e Patti correram para fora do quarto, mas perceberam que nenhum cômodo era seguro depois que outra árvore caiu sobre o telhado da cozinha e uma terceira, na sala de estar.

Do lado de fora, as árvores rachavam no meio e desabavam, destruindo tudo à volta. Entorpecidos pelo choque, Eddie e Patti abraçaram-se. Porém, não podiam ficar simplesmente ali, olhando — eles tinham de arranjar um meio de se proteger e também aos animais. Mini acabara de salvar a vida deles, e eles queriam que ela viesse para dentro.

Patti abriu a porta da frente para deixar Mini entrar, mas ela havia desaparecido. Mesmo os gritos de Patti, da varanda, foram em vão. Na escuridão — com os cabos elétricos espalhados por todo o quintal —, procurar pela cachorra seria arriscado demais. Mas só de pensar em Mini, sozinha, lutando para sobreviver ao furacão, já era doloroso demais. Patti imaginou todas as coisas horríveis que poderiam acontecer à cadelinha.

Quase doentes de preocupação, Patti e Eddie sentaram-se no chão do vestíbulo com o celular na mão. Depois de discar várias vezes, Patti finalmente conseguiu falar com o atendente do serviço de emergência.

— Vocês estão bem? — ele perguntou.

— Até agora, sim — Patti respondeu.

— Acertou falando "até agora". O olho do furacão nem chegou ainda *aqui*.

Que maravilha, pensou Patti. Tudo o que ela queria ouvir naquele momento em que a casa já estava quase toda destruída e Mini estava ali fora, indefesa. Como é que o vento, que já fazia o estrondo de um trem vindo em direção a eles, poderia ficar ainda pior?! Como Mini sobreviveria?

Pelas quatro horas seguintes, a chuva caiu através do telhado e encharcou o carpete, enquanto, do lado de fora, as árvores despencavam estrepidosamente no chão.

— Pare de contar as árvores que caem! — implorou Patti. — Não agüento mais.

Especialmente pela possibilidade de uma delas atingir Mini. Imagens da cachorrinha sendo esmagada por um pinheiro assombravam Patti. Num desastre como aquele, a beagle certamente não sobreviveria, Patti avisou a si mesma. Ela tinha que estar preparada para perder seu bichinho de estimação.

"Por favor, não morra!", rogava Patti mentalmente, enquanto esperava que o vento impiedoso amainasse.

Ali pelas seis da manhã, o olho do furacão Fran já tinha passado por Raleigh. Os galhos das árvores tinham bloqueado totalmente a porta. Para sair em busca dos animais, os Clintons tiveram de pular pela janela que dava para o quintal dos fundos. Logo localizaram o gato, mas Mini parecia não estar em lugar nenhum. Ela não aparecia mesmo com os gritos insistentes de Patti. Ansiosa por ao menos ver sua cachorrinha outra vez, Patti já estava prestes a se conformar com a morte dela. Foi então que um focinho preto apareceu na porta do vestiário da piscina. Suja e ensangüentada, Mini mancou na direção deles.

Uma árvore caíra e fizera um talho em sua cabeça, mas ela estava viva. Em poucas semanas, o ferimento sarou.

Patti muitas vezes pensou em quanto ela devia a Mini por tê-la alertado com seus ganidos.

— Desde aquela noite, nós a temos tratado como uma rainha — comenta Patti.

Stella, uma cadela da raça samoieda, de pêlo macio e orelhas de ponta ferrugem, dormia, como sempre, no chão ao lado da cama de Myrna Huffman. Quando um terremoto de 6,8 na escala Richter abalou Simi Valley, na Califórnia, a casa balançou nas fundações e os objetos estatelaram-se no chão pela casa toda.

Cercada pela escuridão, Myrna abriu os olhos:

— Meu Deus! — exclamou para si mesma. — É o fim do mundo! Vamos todos morrer!

Enquanto a casa oscilava de uma lado para o outro, Myrna, petrificada de pavor, ficou tremendo embaixo das cobertas. Stella, porém, levantou-se de um salto. Em vez de correr para a porta do quintal, que ficava sempre aberta, e procurar um lugar seguro do lado de fora da casa, a cadela pulou na cama para proteger a dona. Em quatro anos, desde que Myrna a resgatara de um abrigo para cães, Stella nunca subira na cama. E o que era ainda mais incomum: Stella esparramou-se, como um escudo, sobre a barriga de Myrna. Nesse exato instante, o aparelho de TV, que estava sobre a terceira prateleira de uma estante em frente à cama, espatifou-se no chão. Segundos depois, a própria estante de carvalho, que pesava mais de 100 quilos, despregou-se da parede. Em vez de atingir Myrna, a estante desabou sobre Stella.

Myrna não sofreu sequer um arranhão, mas Stella quase teve a pata decepada. Na verdade, só o pêlo e a pele impediram que a pata se separasse do resto do corpo. Ela tremia e gania de dor, mas tinha cumprido sua missão de salvar Myrna.

Cuidadosamente, para não aumentar a dor que Stella sentia, Myrna saiu da cama, tirou a estante de carvalho de cima da cachorra e carregou-a para fora.

Para amenizar o choque, ela a cobriu com cobertores. Como Stella estivesse fraca demais para levantar a cabeça, Myrna ajudou-a a beber água. A dor escruciante de Stella deixava Myrna em agonia.

Ela não tinha idéia de como ajudar a cachorra numa situação tão crítica. Os telefones estavam mudos por causa do terremoto. Demoraria horas até que o dia amanhecesse. Mesmo pela manhã, o tremor teria destruído tantos prédios na região que nenhuma clínica veterinária abriria para atender os animais feridos.

Myrna sentou-se ao lado de Stella, acariciou-a e tentou confortá-la. Os olhos da cadela estavam embaciados e ela tremia de dor. Enquanto Myrna esperava o alvorecer, as horas pareciam se arrastar.

Só por volta do meio-dia — e depois de Stella ter sofrido por doze horas — é que Myrna conseguiu linha no telefone. Ela ligou para uma estação de rádio da cidade, perguntando onde Stella poderia ser atendida. Soube então que um veterinário, cujo telefone não estava funcionando, estava atendendo animais feridos durante o terremoto. Imediatamente ela discou para seu enteado, que levou Stella, fraca e abatida, na caçamba de sua caminhonete.

O veterinário deu uma olhada no animal e no mesmo instante aplicou-lhe várias injeções para amenizar a dor. Como o terremoto tinha cortado a energia elétrica, ele não podia tirar um raio-X, nem reconstituir a pata por meio de cirurgia. Stella permaneceu numa gaiola por mais dois dias até que ele pudesse verificar a gravidade do ferimento dela. A estante havia rompido seus tendões, ligamentos, terminais nervosos e vasos sangüíneos.

O veterinário fitou Myrna com um olhar grave:

— Seria melhor sacrificá-la.

Essa frase foi, para Myrna, como um soco no estômago.

— O custo da cirurgia para reconstituir-lhe a pata seria alto demais — continuou ele.

— Para mim *não importa* quanto custe — afirmou Myrna, determinada. — Faça o que for preciso. Mas ajude-a.

— A cirurgia talvez não surta resultado. Você talvez gaste dinheiro à toa.

— Eu venderia minha casa para pagar a cirurgia. Sem Stella, *eu* teria morrido esmagada.

O veterinário ficou tocado. Por horas, ele operou a pata de Stella. Fixou os ossos com pinos, deu pontos e aguardou apreensivo.

Três meses depois, Stella já conseguia andar em volta da casa de Myrna, embora não sem mancar. As seqüelas do acidente ficariam para sempre; ela teria de fazer um sacrifício diário por mostrar compaixão.

Será que Stella pressentira que a estante estava prestes a cair sobre Myrna? Teria sido essa a razão para ter usado seu corpo como escudo para protegê-la? Myrna não tem certeza absoluta de que os cães possam prever o futuro, mas tem fortes suspeitas de que Stella pode.

CAPÍTULO DEZOITO

Sensibilidade Diante das Deficiências

Quando Jim Bird voltou para casa, depois de sofrer uma cirurgia no coração, carregava um travesseiro sobre o peito, como os médicos lhe haviam recomendado insistentemente, para proteger a incisão. Jim abriu a porta da frente e entrou em sua casa em Pt. Arena, Califórnia. Kai, seu cão mestiço de pastor alemão e samoieda, aproximou-se sorrateiramente dele, cheirou o ar em torno de sua perna para reconhecê-lo e sentou-se, observando-o com seus tristes olhos castanhos.

— O que há de *errado* com ele? — Jim perguntou à mulher, Pat.

Normalmente, assim que Jim pisava em casa, o cachorro pulava sobre ele, latindo animadamente para cumprimentá-lo e dançando alegremente ao redor de suas pernas. E não importava quanto tempo Jim tivesse ficado longe de casa, Kai lhe dava suas efusivas boas-vindas, tivesse ele saído por dez minutos pelo jardim ou saído de férias por três semanas.

— Kai está tentando não machucar você — argumentou Pat. — Ele deve saber que você está vulnerável.

Pat, sem dúvida, estava certa.

Kai também ficara vulnerável uma vez. Depois que Pat respondera a um anúncio de jornal acerca de um "filhote fofinho" e trouxera Kai para casa, ela e Jim descobriram que ele tinha sido espancado. Alguém de uma crueldade ímpar havia lhe causado traumatismo craniano e quebrado seu maxilar. Um veterinário certamente lhe salvara a vida.

Em razão das circunstâncias difíceis pelas quais tinha passado, Kai tornara-se um animal de estimação extremamente grato e sensível. Além de sempre receber Jim com latidos de pura alegria, ele o cumprimentava toda manhã com um ritual tão previsível quanto o nascer do sol. Assim que Jim abria os olhos, Kai levantava do lugar onde costumava dormir, ao lado da cama de Jim. De pé,

Kai descansava as patas dianteiras e o peito no tórax de Jim. Por alguns minutos, Jim e Kai se abraçavam e demonstravam a afeição que sentiam um pelo outro. Então Jim deixava o cão sair para dar seu passeio matinal.

Na manhã depois que Jim recebera alta no hospital — pela primeira vez desde que Kai passara a viver com ele —, o cachorro não pulou sobre ele, nem pôs as patas sobre seu peito para o tradicional abraço matinal. Em vez disso, ficou de pé ao lado da cama e gentilmente descansou o focinho sobre o travesseiro, perto do rosto de Jim — tão próximo dele que os bigodes do cachorro faziam cócegas nas bochechas do dono.

Semana após semana, enquanto Jim se recuperava da cirurgia, Kai continuou a cumprimentá-lo pela manhã desse jeito diferente, para evitar machucá-lo. Ele continha seu temperamento efusivo e nunca pulava sobre Jim ou pressionava o corpo contra o dele. Também raramente saía do lado do dono. Pat tinha de chamá-lo e seduzi-lo com agrados para que ele fosse à cozinha comer. Kai, que normalmente tinha um apetite voraz, relutava em deixar Jim sozinho mesmo que por breves instantes.

Kai também parecia estar consciente do travesseiro sobre o peito de Jim. Quando a incisão da cirurgia finalmente cicatrizou o bastante para Jim só usar o travesseiro ao dirigir, Kai pressentiu o novo vigor do dono e percebeu que o perigo havia passado. Numa certa manhã, Kai acordou, sentou-se sobre as patas traseiras e novamente descansou as dianteiras sobre o peito de Jim, pressionando o corpo contra o dele. Até que enfim, ele poderia dar seu abraço matinal.

Os animais podem ser surpreendentemente sensíveis às deficiências físicas ou problemas de saúde das pessoas. Muitas já me disseram: "Parece que os animais *sabem*..." quando nosso corpo está fraco, vulnerável ou debilitado. Um número quase tão grande de pessoas também tem insistido em afirmar que uma das razões por que os animais estão na Terra é proteger e encorajar as pessoas portadoras de deficiências físicas.

Eu concordo.

Uma vez machuquei quatro discos da minha coluna e tive de ficar de cama por meses. Minha gata rajada, Linguine, enroscava-se aos meus pés e fazia-me companhia. Ela não tentou deitar sobre o meu peito, como fazia havia anos; suspeitei que sabia que seu peso podia me machucar. Em vez disso, ronronava aos meus pés, para que eu soubesse que ela estava ali, presente mas sem interferir.

Numa tarde gelada, sentia-me tão subjugada pela dor que eu era a própria imagem do desânimo. Quando fechei os olhos, tudo que pude ver foi minha vida futura desenrolando-se na minha frente como um filme, mostrando-me apenas que meu sofrimento ainda se estenderia por meses a fio. Com pena de mim mesma, comecei a chorar — não um chorinho silencioso, mas uma explosão de lágrimas e soluços. As lágrimas ensopavam meu rosto, orelhas e cabelos — então escorriam pelo pescoço, deixando-o todo molhado.

Linguine entreabriu um olho e fitou o vazio perto da minha cabeça, como se olhar diretamente para mim fosse como encarar de um jeito mal-educado alguém que está tendo um ataque histérico. Então levantou-se e arqueou as costas. Talvez ela achasse que, se corresse para me ajudar, eu poderia pensar que ela não confiava na minha capacidade de enfrentar a situação com coragem. Atravessou a cama, pisando de leve sobre o cobertor, enroscou o corpo na curva do meu braço e, com extrema delicadeza, pressionou seu corpinho peludo contra as minhas costelas.

Esse episódio reforçou minha crença de que os animais são verdadeiras dádivas para nós. Parece até que estão por aí só à espera de oportunidades para nos ajudar — especialmente quando estamos doentes.

Quando o pulmão artificial de Marie Murphy parou de funcionar no meio da noite, ela acordou com um sobressalto. A poliomielite havia paralisado seu corpo do pescoço para baixo e ela não podia respirar sem ajuda mecânica; à noite, o pulmão artificial respirava por ela.

Ela percebeu que a eletricidade tinha sido cortada e que o aparelho não ligava. Sem força na casa, o telefone e o interfone também não funcionavam. Ela era fisicamente incapaz de gritar alto o suficiente para chamar a irmã e o cunhado, que dormiam no andar de cima.

No silêncio da noite, Marie disse a si mesma para ficar calma. Para poder sorver o oxigênio, tentou a "respiração do sapo", usando a língua e a parte posterior da garganta para puxar pequenos bocados de ar para os pulmões. Normalmente, ela conseguia sobreviver por horas respirando desse jeito. Mas, nessa noite, com o pescoço firmemente amarrado para que o pulmão artificial pudesse funcionar direito, meia hora depois a respiração de sapo já a deixara exausta.

Aflita, vasculhou a mente procurando um meio de se salvar. Pensou então em Rosie, sua mestiça de doberman com retriever do labrador, que dormia no sofá no cômodo ao lado. Rosie era uma cachorra solícita e afetuosa: uma vez Marie pedira que lhe desse um beijo e a cadela lambera-lhe a face, aproveitando para tirar três mosquitos que ela mesma não poderia espantar sozinha.

Marie chamou-a num sussurro e a cachorra no mesmo instante levantou-se do sofá e correu até ela. Pelo tom assustado da voz de Marie — e o total silêncio do pulmão artificial, do telefone e do interfone —, Rosie percebeu que a dona estava em apuros. Era evidente que a cachorra queria ajudar. Ela latia com tanta urgência que o cunhado de Marie levou apenas um minuto para correr escada abaixo e ligar o pulmão artificial numa bateria.

Rosie sentou-se ao lado de Marie até que ela se sentisse segura e a salvo. Então voltou para o sofá, mantendo-se próxima o suficiente para o caso de Marie precisar dela outra vez.

Eve, uma rottweiler de 47 quilos, olhava a paisagem pela janela do carro enquanto sua dona, Cathy Vaughn, dirigia pela rodovia interestadual 65, em Indiana. De repente, um fio de fumaça começou a se insinuar da van. Cathy, que tinha o corpo paralisado da cintura para baixo, jogou o carro no acostamento e esticou o braço para trás para pegar sua cadeira de rodas e sair o mais depressa possível do veículo. Mas Eve certamente percebera que a dona não teria tempo para se salvar.

Agarrando Cathy por uma perna, a cachorra tirou-a da van e arrastou-a por uns 10 metros, segundos antes do carro ficar em chamas. Embora Cathy só tenha sofrido alguns arranhões nas costas ao ser arrastada, Eve sofreu graves queimaduras nas patas. Ela nunca recebera nenhum treinamento para ser cão de serviço, e nem sequer tinha sido treinada para obedecer.

Link Hill, um garimpeiro amador, tinha acabado de garimpar à procura de ouro num braço do rio Yuba, na Califórnia. Ele escalou uma pedra para pegar um galão de gasolina, escorregou e caiu dentro da correnteza. As águas eram tão turbulentas e profundas que seria impossível que ele saísse sozinho dali. Também não poderia gritar, pois era surdo-mudo.

O rio encachoeirado arrastou-o em direção a Lillian McDermott e Boo, seu cão adolescente da raça newfoundland, que brincavam perto da margem. Lillian jogou um galho para Boo pegar. Preso por uma guia de doze metros, Boo atirou-se na água para pegar o galho. Satisfeito consigo mesmo, nadou de volta em direção a Lillian com o pedaço de madeira na boca. Ela atirou-o outra vez.

Enquanto a correnteza carregava Link para cada vez mais perto, Boo largou o galho. Embora segundos antes estivesse eufórico com a brincadeira, o cachorro de repente pareceu desinteressado. Olhou para trás e para frente, de Lillian para o rio, várias vezes. Curiosa, ela abaixou-se para ver o que tinha atraído a atenção do cão: à primeira vista, pareceu ser um tronco rolando correnteza abaixo. Agitado, Boo começou a latir.

— Está tudo bem! — gritou Lillian tentando tranqüilizá-lo.

Mas o cachorro continuou latindo.

Lillian vasculhou o rio com os olhos mais uma vez e viu que o "tronco" não era um tronco coisa nenhuma. Viu então um braço esticado para fora da água. Uma mão segurando um galão de gasolina. Mas, assim que o corpo de Link emergiu inteiro, a espuma branca voltou a cobri-lo.

Boo olhou para Lillian; pela expressão do rosto dele, percebeu que o cão implorava para que ela o soltasse da guia. Ela entendeu o que ele queria. Assim que o soltou, ele lançou-se com tudo na água e nadou na direção de Link. Tudo o que Lillian podia ver do cachorro era um pedacinho da sua calda preta e peluda.

Quando Boo alcançou Link, o cachorro agarrou-o com delicadeza pelo punho. Link segurou na coleira do cão com a outra mão e o cachorro rebocou-o através da perigosa correnteza até a margem, evitando que ele se afogasse.

Quando era pequena, Kara Wilson adorava galopar através dos campos de artemísia da fazenda de gado da família, em Fossil, Oregon. Seu maior sonho era participar de uma corrida de barris num rodeio. No entanto, aos 7 anos, ela foi mordida por um carrapato e contraiu uma grave doença. Aos 9 anos, a doença chegara a tal ponto que ela precisou usar uma cadeira de rodas. Ser capaz de cavalgar novamente era um sonho impossível.

No entanto, ela queria tanto fazer isso que, nos dias em que se sentia relativamente bem, o pai sentava-a sobre travesseiros na frente de sua cela e andava a cavalo com ela nos arredores da fazenda. Algumas vezes o balanço do andar do animal causava-lhe tanta dor que lágrimas rolavam pelas suas faces. Mas ela cerrava os dentes e agüentava firme.

Quando Kara tinha 16 anos, um homem em Washington leu um artigo sobre ela numa revista e soube de seu sonho de montar a cavalo sozinha outra vez. Ele estava certo de que tinha o cavalo perfeito para ela: Dan, um alazão castrado, que era sensível, confiável e gentil. Depois que Dan chegou à fazenda da família dela, Kara comprou uma sela especial que lhe permitia descansar as pernas no cabeçote da sela e os pés nas laterais do pescoço de Dan. Dois cintos de segurança seguravam suas pernas e quadris no lugar.

Num feriado, ela empoleirou-se na sela nessa posição precária, sobre o lombo de Dan, e circulou pelo ringue do rodeio — sozinha pela primeira vez. Com uma nova esperança de vida brotando em seu íntimo, Kara estava exultante. Dan com certeza percebeu o quanto ela era frágil; virou a cabeça várias vezes para vê-la, como para se certificar de que ela estava bem.

Kara e Dan acabaram conseguindo competir na corrida de barris dos rodeios da faculdade dela. O cuidado do cavalo diante da deficiência dela deu-lhe a chance de realizar seu sonho de criança.

Cavalos grandes e fortes como Dan — assim como outros tipos de animais — podem ser tão cuidadosos e gentis com uma pessoa deficiente que muitas vezes são usados em terapias, para desenvolver a força, a coordenação e o equilíbrio da pessoa. Embora os animais possam ser treinados para fazer o trabalho com eficiência, não há como ensiná-los a ter compaixão. Isso é algo que vem do coração desses animais.

• Uma tarde fui observar Java, uma lustrosa égua que tinha sido resgatada, depois de sofrer maus-tratos e quase morrer de fome, e doada ao Centro Nacional de Terapia Auxiliada por Eqüinos, em Woodside, Califórnia. A cabeça da égua era mantida abaixada por uma mulher que andava atrás dela, prendendo-a pelos arreios. Parecia que Java estava arando um campo enquanto caminhava pela arena coberta carregando nas costas Heather, uma criança de 7 anos, vítima de paralisia cerebral. De vez em quando, os terapeutas faziam Java parar para que pudessem corrigir a postura de Heather. Embora os cavalos supostamente odeiem ficar imóveis e possam demonstrar bastante má vontade e mau humor ao serem forçados a isso, esse não era o caso de Java. Sempre paciente e conscienciosa, ela permanecia imóvel como uma estátua até que a mandassem andar novamente.

No fim da sessão, os terapeutas seguraram Heather na altura da cabeça de Java, para que pudesse se despedir. Em vez de cutucá-la com o focinho sem maiores cuidados, a égua moveu lentamente o focinho na direção de Heather e o pousou gentilmente na mão da criança. Java também teve de reprimir seu impulso natural para abocanhar de uma só vez a maçã que Heather lhe estendia. Com cuidado para não assustar a menina, Java apenas a mordiscou delicadamente. Sem sombra de dúvida, ela estava ciente da frágil condição de Heather.

• Em *Dolphin Society*, Linda Erb contou a história de Aj, um golfinho do Dolphin Research Center, da Flórida. Uma tarde, Aj trabalhava com Lindley, um homem de 30 anos que tinha paralisia cerebral. Depois que Lindley saiu da cadeira de rodas e entrou na piscina, Aj nadou até perto dele lentamente para não assustá-lo, então ofereceu sua barbatana para dar uma volta com Lindley pela piscina. Como, devido à doença, os dedos de Lindley se curvavam involuntariamente em direção à palma da mão, ele não conseguia segurar a barbatana do golfinho. Aj pareceu entender. Esperou como se nada mais importasse para ele senão ajudar. Lindley descansou a cabeça na lateral de Aj e respirou rapidamente para relaxar a mão o suficiente para poder abri-la.

Quando Lindley finalmente conseguiu agarrar a barbatana, Aj não hesitou. Com incrível sensibilidade — e consciente da fragilidade do homem que transportava —, o golfinho deslizou pela piscina. Lindley sorria com tamanha alegria que seu rosto parecia brilhar.

O verão de 1995 foi péssimo para Ray e Carol Steiner. Um calor que batia recordes em Bowling Green, Ohio, obrigou-os a manter as janelas fechadas por quatro meses e a ficar dentro de casa com o ar-condicionado ligado.

O que fazia com que a situação ficasse ainda pior era o fato de Ray estar acamado em razão de uma cirurgia para colocação de um marcapasso e Carol ter de andar pela casa de muletas por causa de uma operação que fizera no pé. Quando ela e Ray começaram a sofrer de falta de memória, pressão alta, dores de cabeça e tontura, o médico concluiu que eles só precisavam dar tempo ao tempo para que se recuperassem das cirurgias. O fato de dormirem dezenove horas por dia era também, segundo ele, um outro sintoma que logo passaria.

O gato do casal, Ringo, tirava uma soneca junto com eles toda manhã, mas passava a maior parte dos dias de calor sufocante escondido num canteiro de flores observando beija-flores. Ringo era um gato vermelho rajado, da raça manx, que pesava 11 quilos. Um gigante do tamanho de um lince, mas que, embora tivesse vivido no mato, não era nem de perto tão feroz quanto este. Mas ele ficava meio amuado às vezes. Quando Carol dava aulas de piano e trancava-o na cozinha, ele batia nas portas de vidro com suas patas imensas, para mostrar seu ressentimento. Mas nunca miava; só expressava seus sentimentos "batendo tambor", como fazia seu xará Ringo Starr.

Numa manhã quente de sábado, Ringo tomou como sempre seu café da manhã, patrulhou o quintal e voltou para casa. Carol deixou-o entrar e mancou de volta para sua cama hospitalar na sala, onde Ray tirava um cochilo no sofá. Em vez de se juntar ao casal e tirar uma pestana, Ringo demorou-se no hall de entrada.

Assim que Carol ajeitou-se na cama, ela ouviu um miado estridente! Olhou para o hall e viu Ringo na porta da frente, aparentemente desesperado para sair. "Esse gato não tem consideração", pensou ela. "Depois do café, ele sempre tira uma soneca. Agora espera que uma mulher de muletas obedeça às suas ordens."

Mais uma vez Carol atravessou mancando a sala de estar e abriu a porta da frente. Mas Ringo, em vez de sair, colocou as patas na soleira da porta e ficou ali paralisado.

— Saia logo — insistiu Carol.

Mas Ringo ficou ali como uma estátua de mármore.

Carol lhe deu um leve cutucão com a muleta.

— Vai!

Mas ele se recusou a se mexer.

— Tudo bem, Ringo — disse ela então, empurrando-o para dentro e fechando a porta; deu meia-volta e voltou para cama com as muletas debaixo dos braços.

Ringo a seguiu, mas em seguida caminhou para o hall novamente. Recuou uns 3 metros, deu um salto no ar e soltou outro miado estridente, arremessando-se contra a porta. Seus ombros e quadris estalaram de encontro à madeira. O gato insistia outra vez em sair.

— Vou matar você, Ringo! — ameaçou Carol.

A contragosto, ela se levantou e reabriu a porta da frente. Ringo deu um passo para fora, mas manteve meio corpo dentro da casa. Com as patas de trás no hall e as da frente na varanda, ele estancou, recusando-se a seguir em frente.

— Ringo!!! — gritou Carol. Se a impaciência dela queimasse, o pêlo de Ringo já estaria chamuscado.

— Você *vai* sair, sim! Agora!

O gato inclinou a cabeça para trás e olhou para ela cheio de expectativa. Pela primeira vez desde que ela o tinha trazido para casa, um filhotinho ainda, três anos antes, ele deu um miado. Não um miado delicado ou suave, mas tão alto, estridente e gutural que ressoou pelo hall. Com rebeldia, ele colocou a pata traseira esquerda na soleira da porta, impedindo que Carol o mandasse para fora ou fechasse a porta.

— O que há de *errado* com você, afinal?

Ringo respondeu com um olhar de comando. Sua expressão era de quem exigia que ela o seguisse para fora de casa.

— Você só está querendo me mostrar um camundongo morto — disse a ele. — Por que tem de causar tanta encrenca justo agora que eu mal posso andar?

Mesmo assim, a testa franzida do gato demonstrava uma preocupação tão evidente que ela sentia-se compelida a descobrir o que o estava incomodando tanto.

— Vou sair! — gritou para Ray que roncava no sofá.

Sentindo fraqueza e tontura, Carol lentamente cruzou a soleira da porta e foi para o quintal dos fundos. Surpreendeu-se ao notar que Ringo parecia entender a dificuldade que ela tinha em andar com as muletas. Desviou-se do caminho dela para evitar que tropeçasse, mas continuou andando perto o suficiente para demonstrar sua preocupação. Depois de alguns passos, ele parou, olhou para ela e esperou que ela o alcançasse antes de prosseguir. Aos poucos, ele a conduziu até a lateral da casa.

— Esse bicho morto que você pegou para mim deve ser uma coisa do outro mundo! — ela comentou.

No entanto, não havia nenhum animal morto perto do medidor do gás, onde Ringo parou. Ele arranhou de leve a pedra que cobria a terra ao redor do medidor. Quando viu que Carol não fazia nada além de ficar ali de pé, olhando para ele, Ringo cavou com tamanha fúria que tirou sangue das patas. Depois parou, levantou a cabeça e fitou-a novamente, parecendo desesperado para comunicar algo a ela. Então curvou o lábio para cima.

Carol tinha aprendido com o pai, um químico, que os gatos curvavam o lábio daquele jeito quando investigavam um odor; um órgão especial no céu da boca transmitia informações para o cérebro a respeito da química dos odores. Carol estava certa de que Ringo estava sentindo o cheiro de algo que o desagradava. E ele a levara ali para que ela o sentisse também.

Ela afastou as muletas de modo que pudesse se abaixar e ver se percebia algum cheiro diferente. O gás natural a atingiu com a força do vento.

— Ai, meu Deus! — gritou para Ray. — Vamos voar pelos ares!

Apoiada nas muletas, Carol voou para casa. Quando abriu a porta dos fundos, Ringo pressionou o corpo contra a madeira, evitando que ela batesse em Carol, mancando porta adentro.

— Temos um vazamento de gás! — Carol gritou para Ray.

— Tá, tudo bem! — resmungou o marido.

O vazamento de gás, não a fraqueza decorrente da cirurgia, é que vinha causando no casal o mal-estar e a prostração, havia semanas. A mente de Ray estava tão confusa que o aviso alarmante de Carol não fora registrado em seu cérebro com nenhum impacto emocional. Ele voltou a dormir.

Carol chamou a companhia de gás e correu para o quintal com Ringo, à espera do técnico. Quando este chegou, ele imediatamente cobriu o medidor com detergente.

— Se houver vazamento de gás, vão surgir bolhas de sabão — explicou.

Nenhuma bolha apareceu. Ele moveu um medidor de gás portátil nas proximidades do medidor da casa, mas o aparelho não registrou nenhum vazamento.

— Senhora Steiner, não há com que se preocupar — garantiu a ela.

Carol não acreditou.

— Você pode levar seu medidor para onde o gato está? — ela perguntou, apontando para Ringo, que estava sentado justamente onde tinha arranhado a pedra.

Ringo saiu para dar espaço para o técnico trabalhar. Quando o homem segurou o medidor sobre o local, o aparelho soou como uma sirene. Ele correu para o caminhão para pegar outro equipamento. A agulha no mostrador atingiu o ponto máximo, indicando um grave vazamento.

— Sua casa está a ponto de explodir! — ele exclamou.

Um suor frio cobria a testa de Carol quando ele desligou o gás.

Carol e Ray passaram fora o resto da semana e arejaram a casa — e também a cabeça. Mas quando o encanador chegou na segunda-feira cavou sob o medidor de gás, afirmou, surpreso, que nunca vira um vazamento como aquele.

— O cano está bom — insistiu.

Carol apontou para o local que Ringo lhe mostrara.

— Tente cavar aqui.

Naquele exato local, o encanador encontrou um encaixe que ligava o medidor de gás dos Steiner com o encanamento de gás principal do bairro. O encaixe estava rachado e enferrujado, e o gás vazava por ele.

Naquela noite, Carol e Ray, sentindo-se muito bem depois de semanas, assistiram à TV na sala. Quando Ringo aconchegou-se entre eles, Carol correu a mão pelo pêlo rajado das costas dele.

— Sabe, este gato salvou a nossa vida — ela disse.

— A vida dos vizinhos também — observou Ray.

Como o cano de gás estava ligado aos canos de seis outras casas, elas poderiam ter explodido ao mesmo tempo. O fato de Ringo ter descoberto o vazamento e insistido para que Carol o seguisse tinha salvo a vida de 22 pessoas.

CAPÍTULO DEZENOVE

Uma Bênção para a Própria Espécie

Uma gata de Iowa havia dado à luz uma ninhada de gatinhos e o casal com quem vivia conseguiu lares para todos os filhotes, menos um. Poucas semanas depois, a mãe e o filhote desapareceram. A longa e frenética busca pelos gatos resultou infrutífera.

Justo quando o casal já perdera a esperança de vê-los outra vez, a gata apareceu, sozinha. Agiu como se nunca tivesse saído dali ou sequer dado à luz. Depois de devorar o jantar, ela acomodou-se no sofá, assim como sempre fizera.

O casal, embora feliz por ela ter voltado, estava curioso para saber onde estivera. E o que acontecera ao filhote? Não pararam de se preocupar com ele até que o mistério foi desvendado, ao saírem uma tarde para fazer uma caminhada em que a gata os acompanhou.

Quando passavam por uma casa a vários quarteirões de distância, uma mulher correu para fora.

— Ela é de vocês? — perguntou apontando para a gata.

Sim, ela era, o casal afirmou.

— Ela trouxe um filhote aqui há algumas semanas. Fez tanto estardalhaço que os deixamos entrar.

Com o filhote na boca, a mãe gata pulara na cama da mulher e o depositara sobre o travesseiro. Então ficara com o filhote por um tempo e depois desaparecera.

— Ela decerto achou que encontrara um bom lar para seu bebê — disse a mulher. — Sabia que podia deixá-lo aqui.

Mostrando não guardar rancor pela partida apressada da gata, a mulher se abaixou e afagou seu pêlo.

— Ela ainda volta aqui de vez em quando para visitar o filhote.

Cinco gatinhos gritavam de horror enquanto o fogo consumia um prédio desocupado do Brooklyn, numa manhã bem cedo. A mãe dos filhotes, correndo de um lado para o outro em meio às chamas, pegava com a boca cada um dos filhotes e carregava-os para fora do prédio, a poucos passos da entrada. Quando todos estavam num lugar seguro, ela começou a transportá-los de novo, um por um, para um lugar abrigado do outro lado da rua.

O bombeiro David Gianelli encontrou a gata depois que ela já resgatara dois dos filhotes. As patas dela tinham graves queimaduras; os olhos estavam fechados e cobertos de bolhas. Por causa dos bocados de pele vermelha que apareciam por entre o pêlo chamuscado, deram-lhe o nome de Scarlett.

Apesar dos ferimentos, a preocupação maternal da gata era evidente: quando alguém a colocou numa cesta com os filhotes, ela não conseguiu vê-los para ter certeza de que estavam todos ali. Então os contou, tocando cada um deles com o focinho queimado.

O fato de os animais cuidarem de seus filhotes pode não causar tanta surpresa; as pessoas poderiam atribuir o zelo dos animais não à compaixão, mas ao instinto maternal. No entanto, muitos animais também velam por outros com os quais não têm nenhuma relação genética. Simplesmente mostram compaixão por eles, sem esperar nada em troca.

Um pouco antes de meu amigo Joe Backus morrer de câncer em Honolulu, ele me pediu para cuidar de Yin, sua gata siamesa. Prometi, é claro, que consideraria a tarefa como algo sagrado. Garanti a Joe que eu olharia por ela até o fim.

A gata tinha 22 anos de idade, era cega, rabugenta e mal-educada. Em todos os seus anos de vida, nunca se interessara em aprender como usar uma bandeja sanitária. Muito tempo antes da morte de Joe, ela já desistira de fazer sua higiene pessoal, esfregar-se no tornozelo das pessoas e saudar as visitas com civilidade. Como uma gárgula acometida de artrite, ficava escondida em cima da geladeira de Joe e das prateleiras do *closet*.

Depois que ele morreu, eu fui para o Havaí para pegá-la. Levei comigo uma pequena caixa de transporte para colocá-la dentro e levá-la à veterinária, que lhe daria um tranqüilizante para acalmá-la durante o longo vôo de volta para a minha casa. A veterinária, um mulher grisalha e de músculos bem-torneados que deveria estar dando ordens em algum quartel, arrastou Yin para fora da caixa. Rebelde, ela arranhou as unhas, velhas demais para se retrair, no fundo da caixa de plástico.

A veterinária colocou Yin sobre a mesa metálica de exames e deu pancadinhas vigorosas nos quadris e na pélvis da gata, que se sobressaíam sob o pêlo revolto e embaraçado. Então forçou-a a abrir a boca e expor os poucos dentes que ainda lhe restavam.

Yin não estava achando aquilo nada divertido. Demonstrou todo o seu rancor com um miado gutural. Eu me encolhi toda, mas a veterinária não parecia preocupada.

— Você acha que vai pegar um avião com esta gata?

— Prometi a meu amigo que iria cuidar dela.

— Deixe-me dizer a você. Ela é uma velha senhora. Você devia sacrificá-la.

— Eu nunca poderia fazer isso.

A veterinária discorreu a respeito de todas as razões lógicas por que Yin estaria melhor morta de que comigo. Numa idade avançada como a dela, nunca se adaptaria a um novo ambiente. Ela era velha demais para cuidar de si mesma. Sentir-se-ia solitária, confusa e aborrecida — para não dizer depressiva. Certamente morreria em semanas caso fosse para a minha casa.

Não sei se a veterinária estava testando minha decisão de ficar com Yin ou se estava mesmo acreditando que eu autorizaria a eutanásia. Continuei a recusar. Fazendo o possível para não demonstrar o quanto a mulher me aborrecia, coloquei Yin de volta na caixa, paguei pelo tranqüilizante e fui para o aeroporto.

Quando vi a caixa de Yin movendo-se pela esteira de bagagem, fiquei com o coração apertado de tristeza. Ao vê-la ali, lutando para enxergar alguma coisa pelas grades da caixa de transporte, pensei com apreensão se a veterinária não estaria certa.

Talvez a caminha que eu fizera para Yin com as camisas de flanela de Joe não fosse suficiente para aquecê-la. Talvez sua vasilha com água entornasse sobre ela e a congelasse. Talvez o tranqüilizante não fizesse efeito, a altitude a fizesse passar mal ou ela ficasse assustada com a decolagem e a aterrissagem do avião.

Os "talvez" me consumiram durante a viagem inteira até o momento em que abri a caixa e deixei-a sair. Ela estava qualquer coisa menos contente. Depois de sete horas confinada na caixa, seu pêlo estava espetado como as cerdas de uma vassoura. Ela foi direto para o meu quarto de hóspedes e urinou no rodapé.

Inicialmente, tudo o que fez foi fitar o nada com um olhar vazio; um sinal de desespero talvez ou uma defesa contra a situação atordoante em que se encontrava. Então, por alguns dias, ela vagou de cômodo em cômodo miando de um jeito que dava pena. Era como se estivesse procurando Joe ou alguma coisa familiar. Parecia estar sofrendo.

Além do problema da adaptação, ela ainda tinha que enfrentar a hostilidade de Tigger, minha gata rajada, que até a chegada de Yin tinha sido uma gatinha mimada, dona de todo o território. Tigger deu uma olhada em Yin, arqueou as costas e eriçou o pêlo para parecer maior e mais feroz. Então sibilou como se isso fosse só o prelúdio de um ataque muito mais furioso. O pêlo da espinha ficou de pé como se uma corrente elétrica percorresse seu corpo.

Mas, a despeito da exibição de agressividade, acho que Tigger percebeu que seria inútil brigar com Yin; a velha gata estava fraca demais para se defender. Yin também não se deu muito bem com meus cachorros. Eles a perseguiam, cheiravam-na rudemente e deixaram minha casa em polvorosa por várias semanas.

Eu, é claro, não parava de me preocupar. Será que a veterinária estava certa? Será que eu deveria tê-la sacrificado? Tudo dentro de mim gritava: "De jeito nenhum!", mas uma duvidazinha insidiosa continuava sussurrando em meu ouvido: "Talvez".

Uma manhã pareceu-me o momento decisivo. Fui para o escritório. O sol brilhava por entre as cortinas de madeira e iluminava o sofá, aquecendo-o com uma luz suave e difusa. Yin e Tigger dormiam juntas entre minhas almofadas de crochê. Durante a noite, Tigger parecera encarregar-se de Yin, como se a gata fosse responsabilidade dela.

Tigger tinha enroscado seu corpo ao redor de Yin e, com delicadeza infinita, dava nela um banho de gato. Enquanto alisava com sua áspera língua cor-de-rosa o pêlo de Yin, este ia mudando de cor, passando de um cinza perolado para um branco argênteo que brilhava à luz do sol. Pela primeira vez desde que Yin chegara em casa, ela estava ronronando. E limpa.

Ela viveu, com a ajuda de Tigger, até a idade de 25 anos.

Os automóveis, o castigo dos bichos, causam desastres que podem fazer brotar muito mais compaixão nos animais do que nas pessoas que ajudam as vítimas.

- Conan, um mestiço de lobo e malamute, costumava perambular pelas ruas de Randolph, Vermont, e visitar Margo, uma samoyeda de pêlo macio. Embora Margo ficasse quase sempre presa no quintal de Marjorie Ryerson, a cadela se perdeu um dia e se juntou a Conan num passeio. A samoieda, no entanto, não sabia andar solta na rua. Quando um carro veio direto para cima dela, a cachorra parou no meio da rua e nem pensou em fugir. Conan apressou-se e puxou-a para a guia, mas o carro acabou atingindo-o. Embora sua perna estivesse gravemente machucada, ele se esforçou para manter Margo num lugar seguro.

- Um pastor alemão abandonado encontrou uma fêmea mestiça de doberman e pinscher deitada na sarjeta de uma movimentada rua de Los Angeles. Ela não conseguia se levantar porque um carro a atropelara. Enquanto os carros passavam zunindo, o pastor deitou-se sobre ela, cobrindo-a com seu corpo. Estella Dvorin, que pediu ajuda para os cães, achou que o pastor estava tentando evitar que a doberman fosse atropelada mais uma vez. Ela estava tão ferida que teve de ser sacrificada. O Departamento de Proteção dos Animais de Los Angeles vendeu o pastor em leilão a um homem que reconheceu a compaixão do animal e pagou mil dólares por ele.

Quando Anne Urbanos colocava a roupa na máquina de lavar, numa manhã, sua cachorra Minnie pulou do lugar onde dormia, na porta da frente aberta e correu para o hall, em direção à dona. Latindo, ela subiu na cama, olhou ansiosa pela janela e correu de volta para Anne.

Anne entendeu a mensagem de Minnie.

— Tudo bem. Tudo bem. Estou indo.

Sem saber o que esperar, Anne foi até a porta da frente.

Um gato cinza, evidentemente atropelado por um carro, estava caído na rua em frente à casa. Como Anne tinha deixado que Crockett, seu gato rajado cinza, saísse alguns minutos antes, ela ficou apavorada com a possibilidade de que ele fosse o gato atropelado.

Ao correr para fora com um aperto no peito, Crockett apareceu de repente por detrás de um arbusto. Aliviada, mas ainda preocupada com o outro gato, Anne foi até ele. Crockett acompanhou-a e começou a dar cabeçadas de leve no gato imóvel. Ao ver que não se movia, Crockett olhou para Anne e deu um miado triste, como se pedisse que ela o ajudasse. Depois tentou empurrar o gato com as patas para fora do caminho dos carros, agarrou o animal morto pelo rabo e arrastou-o em direção ao meio-fio.

Uma vizinha, que saiu correndo de casa para ajudar Anne, disse que vira várias vezes Crockett e o outro gato tomando sol juntos.

— Crockett estava protegendo o filhote — disse com tristeza.

Perto da calçada, Crockett deitou-se junto ao amigo e recusou-se a deixá-lo mesmo quando Anne o chamou. Permaneceu junto ao corpo do gato até que alguém recolheu seus restos de lá.

No meio de uma noite de verão, Tuffy, um poodle preto de tamanho padrão, latiu e raspou a porta dos fundos de Arthur Martin. Acordando com o barulho, ele abriu os olhos. Tuffy e seu outro cachorro, Sandy, um terrier de 19 anos, costumavam perambular à noite pelos arredores de sua fazenda em Medford, Oregon, e nunca o incomodaram. Qual seria o problema?

Arthur saiu da cama, desceu as escadas até a porta dos fundos e olhou para fora. Tuffy, visivelmente agitado, latiu para ele e correu em direção ao campo, parando logo depois para olhar para Arthur. Este poderia dizer que Tufy estava pedindo que o acompanhasse. Como Sandy não estivesse com ele, Arthur ficou preocupado, pensando se não acontecera alguma coisa com o velho terrier.

Arthur pegou uma lanterna, correu para fora e seguiu Tuffy por uns 600 metros até uma vala de irrigação, num dos pontos mais distantes da fazenda. Quando iluminou a água com a lanterna, tudo que pôde ver foi o focinho de Sandy. Certo de que o cão tinha se afogado, Arthur curvou-se e olhou mais de perto. O velho terrier estava de pé sobre as patas traseiras, escorando-se com as patas da frente na parede de cimento da vala. Miraculosamente — quem sabe por horas — Sandy tinha se equilibrado ali para não se afogar.

Enquanto Tuffy gania em solidariedade, Arthur puxou o cachorro para fora da água, carregou-o para casa e secou seu pêlo. Sandy, fraco demais depois de passar por situação tão difícil, passou a noite sobre um tapete dentro de casa. Tuffy, que não tinha permissão para entrar na casa, vigiou Sandy por de trás da tela da porta dos fundos até o dia amanhecer. Finalmente, pôs fim à sua vigília e desabou, exausto. Seu resgate estava concluído. Ele, enfim, podia dormir em paz.

Ranger, um pastor alemão, começou a latir sem parar — por horas, dias a fio —, ao lado da carcaça de um *trailer* em Espanola, Novo México. Sempre que parava de fazer barulho, ele desaparecia sob o *trailer*. Uma vizinha observou-o sair dali várias vezes, abocanhar uma porção de neve e então voltar para a carcaça. Intrigado com o comportamento do cão, mas com pena dele por parecer faminto e aflito, ela lhe deu atum em conserva num copo de plástico. Em vez de comer o atum, ele carregou o copo na boca e rastejou para debaixo da carcaça.

Mais de uma semana depois, alguém finalmente foi ver por que o cachorro latia com tamanha insistência e abocanhava tanta neve. Uma vira-lata abandonada tinha sido pega numa armadilha para coiotes; sua perna fora esmagada. Numa temperatura abaixo de zero, Ranger tinha tomado conta dela. Embora sofresse com a dor, ela ainda estava viva e sua perna acabou sarando.

De acordo com Dee e Brett Anderson, de Wheatfield, Kansas, Duke era um cachorro quase perfeito. Meio pastor alemão, meio retriever do labrador, ele era preto, tinha um lindo peito branco e patas marrons. Ele gostava de brincar com crianças pequenas, servia de cão de guarda e afugentava os coelhos do jardim. Embora sentisse muitas dores por causa de uma artrite, ele era alegre e afetuoso.

Ele só tinha uma falha: era extremamente possessivo com relação à própria comida. Quando os Andersons responderam a um anúncio de jornal e trouxeram para casa um outro filhote, a quem deram o nome de Midnight e que era a cara de Duke, o velho cão começou a tomar conta da sua vasilha com ração com tamanho ciúme que não deixava o filhote nem chegar perto dela. Às vezes ele chegava ao ponto de impedir que Midnight comesse da sua própria tigela e de roubar a comida do filhote.

— Você tem de deixar Midnight comer! Deixe-o em paz! — censurava Dee.

Se Dee ficasse na marcação por tempo suficiente, Duke saía furtivamente de perto da vasilha do filhote e o deixava comer em paz.

No Natal, seis semanas depois que Midnight passara a viver com eles, o cachorrinho desapareceu. Imaginando que o filhote tivesse morrido congelado na neve, eles o procuraram por toda a propriedade, perguntaram aos vizinhos se o tinham visto e verificaram as estradas e valas da região, para ver se achavam seu corpo. Como os Andersons moravam perto de uma famosa fazenda de árvores de Natal, eles recearam que um cliente tivesse atropelado Midnight ou o levado embora. Procuraram por todos os lugares, perguntaram a todos os que encontravam, mas, mesmo assim, não encontraram nenhuma pista do cachorrinho.

— Onde está o filhote? — Dee perguntava constantemente a Duke. — Alguém roubou Midnight?

Duke obviamente não podia responder, mas ele tentava. Todo dia ele latia incansavelmente no bosque nevado perto da casa dos Andersons.

Brett disse a Dee que ele provavelmente estava apenas perseguindo coelhos.

Concordaram que deviam se dar por felizes por não ter encontrado o corpo do filhote. Talvez ele ainda estivesse vivo. Se não aparecesse em uma semana, eles colocariam um anúncio no jornal para ver se alguém o encontrara. Nesse meio-tempo, se ele estivesse só dando umas voltinhas, eles lhe dariam a chance de encontrar o caminho de casa.

Nunca uma semana passou tão devagar.

Uns dias depois do Natal, Brett caminhava pelo bosque quando ouviu latidos agitados que, ele achou, deveriam ser do cachorro do vizinho. O cachorro parecia tão desesperado que Brett, pensando em ajudá-lo, embrenhou-se mais entre as árvores, seguindo o som dos latidos.

Encontrou Midnight, perto de morrer congelado, pendurado pelas patas de trás, numa cerca de arame farpado. O arame tinha enroscado em torno dele de tal forma, que penetrava mais fundo na carne cada vez que ele tentava se libertar. O sangue não circulava mais numa das patas; tinha congelado a tal ponto que virara um bloco de gelo.

Apesar da dor, Midnight ganiu de felicidade ao ver Brett. Ele quase não conseguiu segurar o filhote quieto o suficiente para libertá-lo; o cachorrinho contorcia-se e lambia Brett, com euforia. Quando Brett levou o filhote para casa, Duke também ficou eufórico. Dee se segurou para não chorar quando mergulhou a patinha do filhote em água fria, para descongelá-la. Ela o levou ao veterinário e sua perna teve de ser amputada.

Dois dias depois, no entanto, quando voltou da clínica, Midnight pulou para fora do carro e disparou para casa como se ainda tivesse quatro patas. Duke, parecendo extasiado em vê-lo, cheirou-o cuidadosamente para examinar o ferimento e então enroscou-se em torno dele para mantê-lo aquecido.

— Como Midnight conseguiu sobreviver? — Brett refletia, admirado, em voz alta.

— Não sei — respondeu Dee.

— O veterinário disse que foi um milagre.

Curioso para descobrir como esse milagre acontecera, Brett voltou ao local onde Midnight ficara preso no arame emaranhado.

Na frente da cerca, a uma distância em que o filhote podia alcançar com as patas da frente, ele tinha arranhado a neve com as patas e cavado até expor a grama congelada, com a qual podia se alimentar e matar sua sede. E próximo à cerca havia um osso de pernil, totalmente descarnado, que o cachorrinho deixara branco de tanto lamber.

A mãe de Dee tinha dado para Duke aquele osso, coberto de carne, depois da ceia de Natal. Aparentemente, ele tinha atravessado o terreno cheio de neve, mancando com suas pernas enfraquecidas pela artrite, e levado o osso para Midnight, junto com outros restos da ceia que conseguira ganhar. Duke deixara de lado o ciúme possessivo que tinha por comida e dividira tudo com o filhote faminto. Por quase uma semana, Duke tinha mantido o filhote vivo no meio da neve.

O veterinário de Duke, Kirk Smith, insistiu em afirmar que Duke levara o osso de pernil para Midnight porque considerava o filhote um membro do seu bando canino.

— Os animais que vivem em bando tomam conta uns dos outros — explicou ele.

De fato. Mas os animais que vivem em bando podem cuidar de outros que não pertencem ao mesmo bando e que pertencem a espécies totalmente diferentes. Sabe-se que animais que não vivem em bando fazem o mesmo.

• Numa manhã bem cedo, Buddy, um collie que pertencia a Matthew Crinkley, de Budd Lake, New Jersey, via o celeiro ser consumido pelas chamas. O cachorro correu para dentro com intenção de salvar as setenta cabras que estavam ali, acuadas. Ele fez com que se movessem, mordendo seus calcanhares, e conduziu-as para fora. Apesar das patas queimadas e do nariz irritado pela inalação da fumaça, Buddy tentou acordar Matthew latindo freneticamente. O rapaz voou para a janela a tempo de ver as paredes do celeiro e o teto desabando no chão, em meio a uma chuva de faíscas.

• Spuds, um dálmata que era injustamente chamado de burro por uma família da Carolina do Sul, estava sentado na cozinha observando enquanto Dirk Tanis despejava óleo numa panela para fritar batatas. Como parecia que o óleo ainda demoraria para esquentar, Dirk, que chegara cansado do trabalho, resolveu descansar um pouco no sofá da sala. Logo caiu no sono. Minutos depois, ele foi acordado pelo cachorro, que mordia sua mão para chamá-lo.

Spuds, um verdadeiro cão bombeiro, parecia determinado a acordá-lo. Dick pulou do sofá a tempo de ver a fumaça e as chamas saltando da frigideira e lambendo o teto. Ele correu para o fogão, desligou o fogo e apressou-se em pedir ao vizinho que chamasse os bombeiros. Mas Spuds não saiu de casa com ele. Em vez disso, saiu à caça de Gizmo, o gatinho de cinco meses da família. Agarrou-o cuidadosamente pela parte posterior do pescoço e carregou-o para fora de casa.

• Cream Dee, uma vaca inglesa mencionada por Paul Simons em *Pet Heroes*, desgarrou-se do rebanho e pôs-se a revolver um buraco feito por um texugo. O fazendeiro a quem ela pertencia, Malcom Dyer, que estava havia cinco dias à procura de seu terrier, notou a vaca sozinha no pasto, com a cabeça abaixada, olhando para o chão. Quando aproximou-se para averiguar, ele ouviu ganidos vindos de dentro do buraco. O fazendeiro cavou e encontrou o terrier preso ali dentro, desgrenhado e aflito, mas ainda vivo.

• Amber, um gato abissínio cuja história foi contada em *Cat Fancy*, morava com uma senhora que tinha um grande aquário de peixes tropicais. O gato parecia gostar de observar os peixes sob a luz do aquário. Mas, uma noite, esse gato miou tanto e de forma tão aflita que a dona veio ver o que o estava incomodando. Um peixe tinha pulado do aquário através de um buraco na tampa e se contorcia no chão. Depois que a mulher devolveu o peixe ao aquário, Amber parou de miar e acomodou-se novamente para contemplar os peixes.

Cameo, uma gata preta e branca, não ficou muito contente quando Ed e Toni Eames a adotaram em Fresno, Califórnia. Durante toda a vida, ela morara com uma senhora idosa, na posição privilegiada de "filha única". Agora teria de dividir a casa com outros dois gatos e com dois desajeitados golden retrievers.

No princípio, Cameo, apavorada com os animais cujo território ela invadira, ficava escondida atrás do fogão ou sobre uma prateleira do *closet*. Então, gradativamente, ela aprendeu a tolerar os gatos e percebeu que podia afugentar os cachorros com seu silvo. À medida que ia ficando mais confiante, ela juntou-se à família, mas continuou independente e distante. Cameo sempre dava as costas para Ivy, uma das cadelas, mostrando extrema diferença. Por anos, ela e Ivy recusaram-se a reconhecer a presença uma da outra dentro da casa.

Então um dia descobriram que Ivy tinha cardiomiopatia. A cachorra acabou ficando tão doente que se recusava a comer, um sinal claro de que em pouco tempo ela não estaria mais interessada em viver. Toni reuniu todas as suas forças para chamar o veterinário e pedir que sacrificasse a cachorra em casa. Ao tirar o fone do gancho, seu rosto já estava coberto de lágrimas.

Cameo, sempre tão arredia, pulou nos braços dela e cutucou-a com o focinho como se quisesse confortá-la. Quando o veterinário chegou e Toni sentou-se no chão com Ivy, Cameo, ronronando, andava sem parar entre Ivy e Toni. De repente, ela parou em frente a Ivy. Pela primeira vez em todos os anos que vivera junto da cachorra, Cameo lambeu a cara cansada e fenecida de Ivy, como se estivesse lhe dando um afetuoso adeus.

Enquanto o veterinário aplicava a injeção que libertaria Ivy do seu corpo velho e cansado, Cameo ficou na frente dela, ronronando, como se quisesse que a cadela fosse sentindo seu zelo e compaixão. Cameo confortou Ivy enquanto esta dava seu último suspiro.

Michelle e Dick Knutson, de Appleton, Wisconsin, notaram que seu cachorro Tiffany estava desaparecido havia horas no campo atrás da casa deles. Eles não souberam explicar esse comportamento estranho do cachorro até que olharam para fora numa manhã e viram Tiffany conduzindo seis minúsculos filhotes de gato através do gramado, em direção à porta. Com um andar trôpego, os gatinhos miavam e imploravam por comida.

Os Knutsons tinham certeza de que Tiffany encontrara os gatinhos no campo, onde a mãe os abandonara ou morrera. Agora ela cuidava deles na sua casinha de cachorro. Na hora das refeições, a cadela os reunia em grupo e rumava para a cozinha dos Knutsons, onde Michelle os alimentava com uma mamadeira e, à medida que cresciam, com cereal para filhotes. Os cuidados que Tiffany lhes dispensou fez com que os gatinhos sobrevivessem.

Os animais muitas vezes cuidam de filhotes de outros animais; como no caso de Tiffany e seus gatinhos, esses filhotes não são necessariamente da mesma espécie. Já li sobre um cão que criava gambás, e gatos que faziam o papel de mãe para esquilos, ouriços, coelhos e pardais. Ocasionalmente, o intenso envolvimento dessas "mães postiças" com seus filhotes adotados chega a ativar seu sistema hormonal, fazendo com que comecem a produzir leite e, portanto, amamentar.

Às vezes, essas "mães" são até do sexo masculino, como Yvonne Roberts relatou em *Animal Heroes*. Pedro, um cão da raça great pyrenees que morava na Inglaterra, adotou e criou um carneirinho órfão. E Sidney, um vira-lata tirado das ruas e colocado num abrigo para animais, cuidou de quatro pequenos ouriços órfãos. Quando os funcionários do abrigo colocaram-nos perto de um aquecedor para mantê-los aquecidos, Sidney aproximou-se dos ouricinhos, cheirou-os e deitou-se junto deles — fazendo, por várias semanas, o papel de "mãe".

Griz, um desajeitado urso cinzento de 280 quilos, revolvia seu almoço no Wildlife Images, um centro de reabilitação de animais perto de Grants Pass, no Oregon. No balde de comida de Griz, com capacidade de 4 litros, havia maçãs, laranjas, verduras, ração, frango e carne de cervos mortos na estrada — um banquete que ele devorava com tamanho prazer que sequer notou a presença de um gatinho rajado laranja, de dois meses de idade, que trepava na cerca do cercado dos ursos.

O filhote, que pesava uns 200 gramas, tinha sido deixado no abrigo e estava perdido e faminto. Aproximando-se cautelosamente de Griz, o gatinho sentou perto dele e miou pedindo comida.

Quando Griz desviou os olhos do seu almoço e contemplou a minúscula criatura, Dave Siddons, o fundador do abrigo, observou alarmado.

— Ai, meu Deus! — pensou. — Griz vai comer esse filhote!

Mas Dave nunca conseguiria alcançar o filhote a tempo. A qualquer momento, Griz sem dúvida lhe daria uma patada e o mataria para comê-lo de sobremesa. Dave desejou que os ursos não fossem onívoros.

Embora Griz fosse um animal de índole extremamente dócil, ele poderia ser tão violento como qualquer outro urso quando estava caçando para comer. Quando filhote, um trem o havia atropelado e danificado seu cérebro enquanto ele catava grãos espalhados no chão, perto da estrada e ferro de Montana. Uma tribo de nativos o colocara num caixote e o mandara inconsciente para Dave que, com a ajuda de sua equipe, tratara do animal e o alimentara por semanas, fazendo com que comesse em sua mão.

No entanto, o urso não seria gentil a ponto de não matar o gatinho. Cerrando os dentes, Dave preparou-se para a tragédia.

Griz olhou para o filhote e não fez nada. Então pegou uma asa de frango do monte de comida, tirou com a boca um pedacinho de carne e colocou-o no chão, ao lado da pata, para o filhote. O bichinho atacou a comida, devorando-a no ato. Griz alimentou-o com mais alguns pedaços.

Nesse mesmo dia, um pouco mais tarde, o gatinho aconchegou-se no peito do urso, na curva do braço, e tirou uma soneca com ele. Desse dia em diante, mesmo depois que o filhote tornou-se um gato adulto e ganhou o nome de "Cat", Griz continuou dividindo com ele sua comida. Eles também brincavam juntos como bons amigos. Cat escondia-se atrás dos pinheiros que ficavam no cercado de Griz e saltava de repente pulando sobre o focinho do urso. Este muitas vezes carregava Cat na boca ou deixava que ele subisse em suas costas. Às vezes Griz lambia Cat até deixá-lo com o pêlo brilhando, e à noite eles dormiam juntos.

Uma amizade difícil de acreditar? De fato. Mas prova que a compaixão pode ser o primeiro passo para que os animais — e os seres humanos — vivam em harmonia.

CAPÍTULO VINTE

O Sacrifício Máximo

Os animais muitas vezes estão tão preocupados em ajudar alguém em apuros que não levam em consideração o próprio bem-estar. Às vezes, eles pagam caro por demonstrar compaixão.

• Zorro, um pastor alemão, mestiço de lobo, estava passeando em Sierras com Mark Cooper, de Orangeville, Califórnia, quando Mark escorregou, caiu de uma altura de 25 metros por uma profunda ravina e foi parar direto num rodamoinho. Zorro mergulhou atrás dele e arrastou-o para fora da água, levando-o até um barranco. Quando Mark recuperou os sentidos, um amigo que o acompanhava no passeio veio em sua ajuda. Nessa noite, enquanto a temperatura caía, Zorro dormiu sobre Mark para aquecê-lo.

No dia seguinte, a equipe de resgate chegou num helicóptero, mas não puderam levar Zorro com eles. O cão, provando sua lealdade ao dono, acomodou-se ao lado da mochila do rapaz. *Dois dias depois*, voluntários do Sierra Club encontraram-no, quase congelado e morto de fome, ainda espremido junto aos pertences de Mark. Apesar de todo o seu sofrimento, Zorro recusou-se a deixar os objetos, achando que devia guardá-los — ou permanecer no lugar para onde esperava que Mark voltasse.

• Top, um cão da raça dinamarquesa pertencente a Axel Patzwaldt, de Los Angeles, estava passeando uma tarde com uma garotinha quando ela resolveu atravessar a rua sem olhar para os lados. Uma enorme caminhão vinha na direção dela. O cão latiu para o veículo, pulou na frente da menina e empurrou-a para fora do caminho dele. Felizmente, a garota se salvou, mas o caminhão atingiu Top, quebrando suas costelas e sua perna traseira direita.

Um veterinário engessou a perna do cão, mas, mesmo depois de ficar com o gesso por sete semanas, ele continuou a mancar, sentindo dores constantes.

Uma tarde, ele claudicou até a piscina do prédio de Axel, mergulhou e, depois de sair pingando, correu de volta o mais rápido que pôde, *a despeito de toda dor que sentia*. Top latiu forte até que Axel o seguisse à piscina. Um garoto de 2 anos boiava desmaiado na água.

Depois de um longo tempo no hospital, fazendo tratamentos intensivos, o menino foi salvo. Top teve uma recuperação ainda mais difícil. Suas costelas, fraturadas pelo caminhão dois meses antes, infeccionaram de tal forma que ele teve de sofrer uma cirurgia. Por seu heroísmo, Top teve de mancar e sentir dores pelo resto da vida.

- Woodie, uma mestiça de collie, corria por uma trilha de uma reserva natural perto de Cleveland, na companhia de Rae Anne Knitter e seu noivo, Ray Thomas.

— Espere aqui. Voltarei num minuto — disse Thomas. — Quero tirar uma foto do penhasco.

Andando em direção ao precipício, Thomas desapareceu atrás de uma colina. Rae esperou pacientemente por ele, mas Woodie sentiu que o rapaz estava em apuros, embora estivesse fora de vista. Ela puxava a guia com tamanha violência que a moça finalmente soltou-a da coleira e seguiu-a colina acima. No topo, Rae olhou para o penhasco e viu Thomas caído de bruços, inconsciente, num rio que corria no sopé da colina. O rapaz caíra de uma altura de 25 metros.

Woody não pensou duas vezes antes de mergulhar no precipício, atrás de Thomas. A cachorra lutou desesperadamente para tirar o rosto do rapaz da água. Depois parou, latiu freneticmente para Rae como que pedindo ajuda e voltou para resgatar Thomas.

Na queda, ele quebrara a espinha e o braço em vários lugares, mas conseguiu se recuperar. A cadela sofreu lesões internas e quebrou os dois ossos dos quadris em seu corajoso resgate. A dor, porém, não a impediu de tentar manter Thomas vivo na água. Ela teria feito qualquer coisa para salvar a vida de uma pessoa.

A vida de Sparky, um retriever do labrador amarelo, não tivera um bom começo. Uma mulher irresponsável de Tullahoma, Tennessee, o comprara quando ele ainda era um lindo filhote e então cansou-se dele quando começou a comer que nem um leão e tornou-se rapidamente um desajeitado adolescente. Ela então resolveu dá-lo a um mecânico, em troca de um carro usado. O mecânico, por sua vez, o deu a um homem que saiu de férias e que o deixou com um vizinho, Bo Culbertson.

Mas o fato de ser transferido de um lugar para outro durante um ano e meio aparentemente não causou grandes traumas em Sparky. Em vez de se tornar um cão inseguro, ele era afetuoso e expansivo. Em poucos dias, Bo se afeiçoou a ele.

O dono de Sparky voltou da viagem e perguntou a Bo se ele queria ficar com o cachorro. Era claro que ele queria.

Sparky finalmente conseguiu um lar de verdade, onde pertencia a alguém que o amava e apreciava.

O cão pareceu ficar grato por isso — e ele tinha uma fome insaciável por afeto *e* comida. Passou de 38 quilos para robustos 67. O cão era extremamente leal a Bo. Dormia perto dele toda noite. De manhã, faziam juntos uma caminhada de quase 3 quilômetros.

Numa dessas caminhadas, a cerca de 400 metros de casa, Bo de repente sentiu-se tonto e enfraquecido. Tudo ficou cinza em torno dele e, em seguida, sua vista escureceu. Tentando manter-se de pé, ele enfiou a mão sob a coleira de corrente de Spark e desmaiou na estrada.

Sparky percebeu que havia algo de errado com Boo e que ele precisava de ajuda. Mas com a mão do dono enfiada em sua coleira, do tipo enforcador, ele não conseguia se libertar e chamar sua mulher, Dottie. Tentar continuar a andar, arrastando Bo, também não daria certo porque, depois de poucos passos, o enforcador estrangularia Sparky.

O cachorro então deu a volta, de modo que a corrente só cortasse a base do seu crânio, não a garganta. Com o metal enterrado dolorosamente na carne, Sparky *andou de costas*, puxando Bo pela estrada. Mesmo sofrendo dores excruciantes a cada passo, o cão continuou puxando. Sua tarefa era praticamente impossível, não só porque o metal o cortaria até sufocá-lo, mas também porque Bo pesava 102 quilos.

Depois de Sparky ter conseguido rebocá-lo por quase 200 metros, Bo recuperou a consciência, apenas o suficiente para perceber quanto sofrimento o cão suportara para levá-lo para casa. Para ajudar Sparky, Bo tirou a mão da coleira e jogou o corpo sobre as costas de Sparky. O cão lutou para levá-lo pelos 200 metros que faltavam, suportando todo o peso de Bo — 35 quilos mais pesado que ele próprio. No exato momento em que Dottie saía de casa para o trabalho, ficou perplexa ao ver Sparky depositando Bo diante da porta da frente.

A casa ficava tão longe do hospital que Dottie ficou com receio de esperar pela ambulância; eles poderiam chegar mais rápido se ela dirigisse até lá. Mas ela não era forte o suficiente para levá-lo até o carro. Mais uma vez, Sparky carregou Bo nas costas. Esforçando-se ao máximo para suportar-lhe o peso, o cachorro carregou-o até a porta do passageiro, onde Dottie o rolou para dentro. Ela saiu a toda, deixando Sparky para trás, exausto.

No hospital, os médicos descobriram que as artérias do coração de Bo estavam bloqueadas. Tiveram que fazer uma operação de emergência para colocar um marcapasso. Por causa de complicações, Bo teve de sofrer outras duas cirurgias, ficando três meses no hospital entre a vida e a morte. Por todos esses meses, Sparky esperou Bo em casa, deitado sobre sua cama vazia e recusando-se a sair dali exceto para comer e dar uma voltinha na coleira. Quando Bo finalmente voltou para casa e teve de passar mais um ano acamado, Sparky ficou ao lado dele quase o tempo todo.

Com o tempo, uma das pernas do cachorro foi afetada por um câncer. Embora no passado ele tivesse sido robusto o suficiente para suportar o peso de Bo, agora sua perna mal suportava o peso do próprio corpo. Ele passou por três cirurgias, mas o câncer se espalhou pelos pulmões. Bo teve que mandar sacrificá-lo.

A voz de Bo ainda fica embargada quando ele admite o quanto Sparky lhe faz falta. A fotografia do cachorro, pendurada na parede, não pode substituir seu pêlo, sua respiração, seu rabo balançando e sua gentil presença. Assim como fazem tantas pessoas que foram profundamente tocadas por um animal, Bo espera encontrar Sparky um dia, quando morrer.

— Se eu rezar bastante, Sparky estará comigo — ele disse.

Bo acredita que para Deus todas as coisas são possíveis — inclusive reencontrar seu adorável cão, que tanto se sacrificou por ele.

Tim Jones, um policial de St. Paul, Minnesota, ficou sabendo, uma manhã, que um amigo da polícia tinha levado um tiro e morrido. Seus colegas tinham cercado o suspeito do crime num bosque e saíram à procura dele.

Embora fosse seu dia de folga, Tim saiu de casa de carro, levando Laser, seu pastor alemão da polícia, para se juntar à equipe de busca. Como sempre, Laser foi no banco de trás, com a cabeça sobre o ombro de Tim. Ele e o cachorro costumavam fazer a ronda juntos, muitas vezes trabalhando por mais de dez horas por dia, mais tempo do que Tim passava com a mulher e os dois filhos pequenos. A ligação que ele tinha com o cão era tão estreita que eles pareciam parte um do outro.

No bosque, Laser cheirou o chão e levou Tim até uma cabana de pesca. Ganindo, o cão continuou a farejar até a garagem da cabana. Tim, que ficara para trás, abriu a porta da cabana, para olhar lá dentro. O assassino, acuado nas sombras, atirou instantaneamente e matou o policial.

Quando Tim caiu no chão, o homem correu para fora da cabana — direto na direção de Laser, que disparara a correr, contornando a garagem, com a intenção de proteger Tim. Com uma força surpreendente, o cão pulou sobre o assassino, derrubou-o no chão e mordeu sua perna. Enquanto Laser o segurava com os dentes, o homem atirou nele.

O impacto da bala estraçalhou o cachorro. Ele afrouxou a mordida, dando tempo para o homem escapar. Mas, embora traumatizado e sangrando muito, Laser recusou-se a deixá-lo fugir. Reunindo todas as suas forças, agarrou a perna do assassino mais uma vez. De novo, o homem atirou nele. O cão desmoronou, mas continuou lutando para defender Tim. O pastor alemão arrastou-se no chão, tentando perseguir o marginal. Um terceiro tiro o matou.

Tim e Laser foram cremados juntos, assim como viveram — parceiros até na morte. Quando a urna funerária foi baixada, a família e os amigos de Tim sentiram-se confortados em saber que as cinzas de Laser sempre estariam com ele.

A casa de George e Charlotte Bradley, em Dayton, Ohio, era muito quente e abafada para Max. Mesmo nas noites frias de inverno, o mestiço de chowchow preto insistia em dormir fora de casa, aquecido apenas pelo seu pêlo longo e sedoso.

No entanto, por alguma razão, na véspera do ano-novo Max mudou de idéia. Começou a ganir e a arranhar a porta, pedindo para entrar. Embora a casa estivesse quente como sempre, Max recusou-se a voltar para o quintal.

Será que ele está doente?, perguntou-se George, enquanto trancava a casa para dormir. Max teria algum motivo especial para querer ficar dentro de casa?

George, que era eletricista, adotara Max quando ele ainda era um filhote. A família a quem ele pertencia já tinha decidido deixá-lo num abrigo para animais. O animal já tinha retribuído muitas vezes o favor que George lhe fizera, salvando-o no último minuto. Quando a nora de George, Corrie, ficara doente pouco tempo antes, o cachorro permaneceu por dias aos pés da cama, como um vigilante guardião.

Às seis e meia da manhã de ano-novo, Max parecia ansioso com relação a George e Charlotte. Rosnando, ele entrou de marcha-ré no quarto do casal, com os olhos fixos em algo além da porta. Depois latiu e rosnou novamente.

— Há um ladrão aqui em casa — sussurrou Charlotte.

Enquanto George esticava o braço para pegar a arma, ele sentiu cheiro de fumaça e pulou da cama. Ao acender as luzes, elas piscaram — um sinal claro de que a fiação elétrica devia estar em curto-circuito em algum lugar da casa. O som de estouros no andar de baixo significava que mais fios estavam em curto.

George correu para o topo da escada e olhou para baixo com apreensão. O brilho laranja do fogo iluminava os degraus do porão e se refletia no esmalte branco da porta. Mas a casa não parecia mais quente do que de costume. George achou que nem ele, nem Charlotte, nem Corrie, que dormia no outro quarto, ainda estavam em perigo, pois o fogo atingira apenas o porão. Ele teria tempo suficiente para chamar os bombeiros.

Mas George estava errado. Uma tábua de passar havia tombado no porão, espalhando as roupas sobre o aquecedor e fazendo o fogo começar. O incêndio já tinha queimado lentamente a parede da cozinha e desprendido a prateleira do microondas. Este caíra sobre o fogão e soltara o tubo do gás. O gás espalhara-se pela casa e poderia fazer com que tudo fosse pelos ares a qualquer momento. George, no entanto, não sentiu o cheiro do gás devido à fumaça espessa.

Achando que estava a salvo, ele pegou o telefone para ligar para os bombeiros, mas o fogo já havia atingido a fiação do telefone: este estava mudo. George teria de chamar os bombeiros da casa do vizinho.

— Vistam-se — disse a Charlotte e Corrie. — Vou usar o telefone do outro lado da rua.

Sem pensar no perigo iminente, Charlotte fechou o zíper do agasalho enquanto George descia as escadas em direção à porta da frente. Ele pegou na maçaneta, parou, largou-a e olhou para o patamar da escada.

— Vamos, Max — chamou.

De trás da balaustrada, Max o fitava com olhos rancorosos. Depois virou-se e voltou para o quarto.

— Max! — George tentou outra vez.

O cão, geralmente tão obediente, parou por um segundo, ainda desafiando-o com o olhar — assim como se recusara a deixar a família, indo dormir do lado de fora na noite anterior. Max parecia mais preocupado em proteger Charlotte do que em acompanhar George; ignorou as chamas no porão e entrou no quarto.

George estendeu mais uma vez o braço para pegar na maçaneta. Max poderia sair mais tarde, se quisesse. Abriu a porta e o vento soprou tão forte que arrancou a maçaneta de sua mão. A explosão do gás arremessou George no jardim a uma distância de quase 5 metros. As janelas da cozinha estilhaçaram-se e o vidro espalhou-se pelo chão. As chamas já atingiam os primeiros degraus da escada, subindo em direção a Charlotte, Corrie e Max.

Por um segundo, George ficou caído no jardim, abalado demais para se levantar. De dentro da casa, Charlotte e Corrie gritavam por ajuda. George percebeu que o calor já havia chegado até elas, queimando-as vivas. Ficou de pé num salto e correu de volta para casa para salvá-las, mas o calor era tanto que ele não pôde entrar pela porta da frente.

Lá dentro, os gritos de Charlotte e Corrie silenciaram. Aterrorizado com a idéia de que as pessoas que amava estavam mortas, George atravessou a rua correndo em busca de ajuda. Max poderia ter escapado facilmente pela porta aberta, mas não fez isso. Ele seguiu Charlotte até os pés da cama, onde ela desmaiou. O cão então ficou ali ao seu lado, de guarda.

Depois que George chamou os bombeiros, ele correu de volta para casa, subiu por uma escada que encostou na parede do quarto e tentou enxergar ali dentro, pela janela. Mas a grossa fumaça e a escuridão da madrugada o impediram de ver qualquer coisa. Ao quebrar a vidraça com um tijolo, o calor atingiu seu rosto em cheio, derrubando-o da escada.

Os caminhões dos bombeiros chegaram, com as sirenes tocando.

— Vocês têm de tirar minha família lá de dentro! — George gritou.

— Onde foi que os viu pela última vez?

— Nos quartos! No topo da escada!

Um bombeiro disparou para dentro da casa e achou Corrie, inconsciente, na beirada da cama. Outro bombeiro encontrou Charlotte, também inconsciente, aos pés da cama, com 70 por cento do seu corpo queimado. Ainda aos pés dela estava Max, morto em razão do calor e da inalação da fumaça. Tivera uma morte dolorosa. Até o fim, ele protegera e confortara Charlotte. Ela e Corrie sobreviveram.

CAPÍTULO VINTE E UM

Apesar de Toda Bondade

Quando comecei a pesquisar para escrever este livro, entrevistei sete especialistas em animais — veterinários, zoólogos, biólogos evolucionistas e profissionais especializados em comportamento animal. Só um deles concordou comigo quando disse que os animais são capazes de demonstrar compaixão.

O argumento básico contra o zelo e a bondade dos bichos é o seguinte: estudos científicos concluíram que os animais não têm "capacidade de abstração". Em outras palavras, eles são incapazes de enxergar o mundo com os nossos olhos. Sem essa capacidade, não podem entender nossos problemas, emoções, necessidades — e, conseqüentemente, são incapazes de se preocupar conosco. Como disse James Serpell, da Universidade da Pensilvânia: " Há poucas evidências de que os animais sintam empatia pelas pessoas".

A partir de pesquisas sobre a vida selvagem, os cientistas desenvolveram três teorias que explicam por que o comportamento animal que parece motivado pela preocupação com o ser humano, na verdade, é motivado pelo egoísmo. Com alguns argumentos de lógica mirabolante, alguns especialistas estendem essas teorias aos animais de estimação.

De acordo com a teoria da seleção consangüínea, o que parecem gestos de bondade são, na verdade, simplesmente animais ajudando parentes com vistas a promover a continuidade dos próprios genes. Quando os macacos vão em auxílio uns dos outros em brigas ou lobos criam os filhotes uns dos outros, não estão querendo ser úteis em decorrência de um sentimento de altruísmo com relação aos outros animais; estão, isto sim, protegendo aqueles que têm os mesmos genes que eles e garantindo seu lugar na cadeia da evolução. Como os animais de estimação consideram sua "família" humana como parentes de verdade, eles, assim como os animais selvagens, ajudam por instinto os membros da família e dão preferência pelos "parentes" mais próximos.

A teoria do altruísmo recíproco afirma que um animal ajuda outro, sejam eles parentes ou não, porque espera que este retribua o gesto. O que parece compaixão é, na verdade, uma troca de favores, um toma-lá-da-cá. Quando uma zebra cata pulgas em outra do mesmo rebanho, ela espera que esta faça o mesmo por ela. O fato de um morcego regurgitar sangue na boca de outro que não teve sucesso na caça assegura que ele também receberá sangue nas noites em que *ele próprio* não tiver sorte na caçada. De acordo com o altruísmo recíproco, o que aparenta ser zelo entre animais é meramente uma gesto calculado que visa melhorar a vida deles e suas chances de sobrevivência. Os cães que afugentam ladrões e salvam crianças que estão se afogando só esperam receber comida e abrigo em retribuição.

Segundo a teoria da pseudo-reciprocidade, quando um animal faz algo que parece um gesto de bondade e beneficia outro, ele está, na verdade, preparando caminho para uma retribuição indireta que tornaria sua própria vida melhor. Morcegos noturnos, por exemplo, amamentam filhotes com quem não têm parentesco — mas só fêmeas, não os machos. A razão, de acordo com esta teoria: só as fêmeas permanecem na colônia quando ficam adultas; amamentá-las quando filhotes significa que mais morcegos ficarão na colônia no futuro — e mais morcegos caçarão e trarão comida para casa. Assim como os morcegos que amamentam estão apenas de olho nas suas futuras refeições, os bichos de estimação salvam seus donos de morrer atropelados ou em incêndios pelo mesmíssimo motivo.

Gerald Wilkinson, um professor de zoologia da Universidade de Maryland, resumiu o repúdio dessas três teorias com relação à compaixão dos animais da seguinte forma:

— No meu entender, não há exemplos convincentes de que o altruísmo ocorra entre animais — ele diz —, apesar dos episódios ocasionais que tendem a ser histórias baseadas em experiências pessoais.

Wilkinson e outros especialistas disseram-me que todas os relatos que coletei não provam a compaixão dos animais, porque são apenas histórias — eventos triviais, espontâneos, ocasionais, que não significam nada. Sem um experimento controlado, documentação cuidadosa e dados quantificáveis que possam ser analisados, essas historietas são desprovidas de significado.

Os especialistas também me disseram que eu estava sendo antropomórfica. Ao concluir, a partir dessas histórias, que os animais poderiam demonstrar compaixão, eu estava atribuindo a eles sentimentos e qualidades humanos. Os cientistas têm verdadeiro desprezo pelo antropomorfismo. A maioria deles acredita que os animais não só são incapazes de sentir compaixão como não têm nenhum tipo de emoção.

— Como explicar os gestos de bondade das histórias que reuni? — perguntei aos especialistas.

Veja a seguir algumas respostas que recebi:

• Os animais protegem e salvam uns aos outros não necessariamente porque se importem uns com os outros, mas porque são governados pelos instintos, profundamente entranhados em seu cérebro.

— As crianças estimulam o instinto maternal dos cães — explicou-me Temple Grandin, da Universidade Estadual do Colorado.

Sheba, por exemplo, que tomou trinta mordidas de vespa para salvar uma criança, ou o cão sem dono que envolveu um recém-nascido abandonado com seu próprio corpo, não estavam expressando nenhum sentimento de zelo, mas seguindo seus instintos de maneira tão reflexa quanto uma cadela cuida dos filhotes.

De acordo com alguns cientistas, os cães também transferem seu sentido instintivo de ordem social de uma matilha de cães para uma família humana. Em situações de perigo, eles tentam automaticamente, sem pensar ou sentir coisa alguma, salvar o membro mais importante do "bando". Em outras palavras, quando Bailey enfrentou um touro para proteger Chester Jenkins, ele estava seguindo cegamente seu instinto de proteger o líder do bando, e não tentando ajudar alguém que ele amava. O mesmo se deu com Bruno, quando pegou com a boca o fogo de artifício, ou Tia, a cadela de três pernas, quando rebocou o barco para a praia.

• Os animais nos avisam do perigo porque sentem-se incomodados, argumentaram alguns pesquisadores. Eles correm para nós para que possamos tranqüilizá-los e ajudá-los. Roc tocou a campainha da porta para alertar os donos de que a casa estava pegando fogo porque ficara nervoso ao ver as chamas, não porque estivesse preocupado com a possibilidade de a família sair ferida. Ele queria que a casa parasse de pegar fogo e a família o acalmasse.

De acordo com esse mesmo argumento, se ele estivesse preso dentro da casa, teria alertado a família visando, da mesma forma, aos seus próprios interesses. Em incêndios, os animais "geralmente recorrem à pessoa que sabe como abrir a porta para deixá-los sair. Coincidentemente, acontece de eles salvarem essa pessoa", disse-me Bonnie Beaver, professor da Universidade de Agricultura e Mecânica do Texas. Em qualquer situação de ameaça, portanto, os bichos só pensam em si mesmos.

• Quando os animais correm para "dizer" a alguém que outra pessoa está em perigo, eles não estão tentando ajudar, disse-me um especialista. Na verdade, estão só procurando alguém para dividir com eles a excitação de encontrar alguém em situação tão estranha ou agindo de forma estranha. Ou eles se apressam para encontrar quem possa apoiá-los diante de tão estranha situação. De acordo com esse argumento, Spud correu para o vizinho do homem que acabara de sofrer um ataque cardíaco para que alguém pudesse se aliar a ele nesse drama, não para ajudá-lo a salvar alguém. Somente para obter apoio, Indian Red, o gato, conduziu sua dona até a porta fechada do quarto da mulher que estava tendo um ataque.

• A compaixão não motiva os animais a aninhar-se junto a uma pessoa e aparentemente confortá-la. Os bichos só querem, na verdade, sentir o prazer de ser acariciados e ter contato social, dizem alguns pesquisadores. Quando Sunny, a golden retriever, envolveu a mão de Esther Warner a noite toda depois que tentaram assaltá-la, ela só estava querendo ser acariciada, e não tentando fazer com que a dona se sentisse melhor.

Ou talvez o medo de Esther tivesse deixado Sunny confusa. O sofrimento ou o comportamento estranho de uma pessoa deixa os cães confusos e fazem com que se deitem junto dela e assumam uma postura de submissão. Segundo Beaver, "Quando o animal não entende o que o membro mais importante do bando está tentando lhe dizer [com seu comportamento pouco usual], ele se aproxima de um jeito submisso, pedindo permissão para entender". Rosie deitou-se na cama com Cheryl Essex depois da morte do marido dela só porque a cadela estava confusa e tentando entender as lágrimas de Cheryl. Seria um erro interpretar o fato de Rosie deitar-se junto a Cheryl como uma tentativa da cachorra de confortar a dona.

• Os animais arriscam a própria vida para nos salvar porque eles não têm noção do perigo. "Não temos evidência de que os animais sabem que estão correndo um risco", diz Serpell. "Existe uma porção de cachorros que não parece ter nada semelhante a um mecanismo de autoproteção." Quando o pequeno e idoso Ginger atacou o homem esquizofrênico, por exemplo, ele não sabia que este podia machucá-lo. Tiree não tinha noção de que poderia cair no lago congelado quando avançou devagar, arrastando a barriga no gelo, para alcançar Jim Gilchrist.

Um dos cientistas acredita que os instintos de bando também podem explicar o fato de os cães correrem riscos para salvar alguém. Quando são membros menos importantes do bando, o cérebro desses animais sabe que eles podem ser sacrificados. Instintivamente, sabem também que preservar a vida dos membros mais destacados do bando é mais importante do que salvar a própria vida. Pelo bem da "matilha", não da pessoa que amava, Klutz enfrentou a serpente, Yogi atacou o estuprador e Ringo jogou-se na frente dos carros para salvar o menino. Max, de acordo com esse argumento, morreu protegendo Charlotte Bradley depois que a casa explodiu só porque o cão sabia instintivamente que a sua vida era menos importante do que a dela.

Achei impossível acreditar nesses argumentos todos. Vezes sem conta, os próprios atos dos animais contradizem o que os pesquisadores dizem a respeito deles. Se apenas abrirmos os olhos e *olharmos* para os gestos de bondade dos animais, será impossível negar o zelo e a preocupação que existem por trás deles. Também não podemos deixar de ver que o imperador científico está nu e que muitos cientistas querem acreditar que os animais não têm sentimentos e, portanto, não podem sofrer. Muitos pesquisadores "visam aos seus próprios interesses ao afirmar que os animais não sentem [compaixão ou qualquer outra emoção]", afirmou James Serpell, "pois [esses pesquisadores] usam animais de forma nada agradáveis".

Meu propósito neste livro não é discutir com ninguém; pois sinto que, por meio de seus próprios atos, descritos nas histórias reunidas aqui, os animais levariam a melhor em qualquer discussão sobre o assunto. Muito mais do que discutir, quero simplesmente apelar para o bom senso. Use-o, por exemplo, ao analisar as três teorias científicas que interpretam a compaixão dos animais como puro egoísmo; essas teorias podem com a mesma facilidade afirmar que a compaixão *humana* no fundo também é motivada pelo egoísmo. As pessoas também costumam ter mais compaixão pelos familiares. Seleção dos genes? Talvez. As pessoas também praticam altruísmo recíproco: assim como a zebra cata pulgas em outra zebra, uma mãe pode cuidar dos filhos de uma amiga, esperando que esta retribua o favor. Com pseudo-reciprocidade, essa mãe pode fazer uma fornada de pão de abóbora para recepcionar um novo vizinho — e melhorar a própria vida tendo alguém a quem pedir ajuda em casos de emergência ou para pegar a correspondência quando ela viajar.

Embora muitas vezes façamos esses gestos "falsos" e interesseiros de altruísmo, também somos capazes de demonstrar compaixão verdadeira; nós nos importamos com os outros e tentamos ajudá-los sem esperar algo em troca. O bom senso certamente nos leva a crer que os animais, assim como nós, demonstram essa mesma preocupação com os outros. Seria arrogância supor que temos monopólio sobre qualquer tipo de bondade.

No entanto, a maioria dos cientistas ignora o bom senso e ainda se recusa a dar aos animais o benefício da dúvida com respeito à compaixão — ou a qualquer outra emoção. Os especialistas insistem em dizer que todas essas histórias que tenho coletado não são prova suficiente para se concluir que a preocupação pelo outro é o que motiva os animais a ajudar sua família humana, estranhos ou outros animais. Como disse Bonnie Beaver, "Até que possamos de fato interrogar um animal e fazer com que ele nos responda em palavras que possamos compreender [o que sente e pensa], nunca saberemos".

Mas os animais *já* nos falam a respeito da compaixão que sentem, não em palavras, mas por meio de seus atos. Suas atitudes falam mais do que mil palavras. Se filtrarmos todas as provas demonstradas por essas histórias orientando-nos pelo bom senso, será praticamente impossível *não* acreditar que os animais são criaturas genuína e profundamente compassivas. Para chegar à verdade, temos de confiar nos nossos olhos e ouvidos.

Weela, uma pit bull de Imperial Beach, Califórnia, um pouco ao norte da fronteira com o México, pode nos dizer mais sobre a compaixão dos animais do que qualquer teoria científica. Ela tem ajudado tantos bichos e tantas pessoas, de tantas formas diferentes e por tantos anos, que ninguém pode negar a bondade dessa cadela...

Lori Watkins não ficou satisfeita quando sua tia chegou com cinco filhotes de pit bulls que tirara de uma lata de lixo. Embora os cachorrinhos ganissem e se contorcessem, mostrando o quanto estavam vivos, estavam doentes e feios. Lori calculou que era essa provavelmente a razão por que os filhotes tinham sido literalmente jogados no lixo. E ela era boa demais para não ficar com eles.

Um filhote infelizmente morreu, mas ela cuidou dos outros até que ficassem saudáveis e arranjou quem adotasse três deles. O quarto, Weela, uma leal cachorrinha laranja-avermelhada, afeiçoou-se tanto a Gary, o filho de 8 anos de Lori, que o menino implorou para ficar com ela. Lori permitiu.

Alguns meses depois, Gary e seu melhor amigo estavam brincando na rua com Weela, presa na coleira. Um encrenqueiro do bairro parou os garotos, despejou fluido de isqueiro sobre eles e tentou atear fogo nos meninos com um fósforo. Enquanto brigava para se defender, Gary acidentalmente largou a coleira de Weela que pulou sobre o rapaz e derrubou-o, mantendo-se sobre ele até que Gary e o amigo pudessem fugir.

Em outra ocasião, não muito depois disso, Gary esticou o braço em direção a uma pilha de lenha, para pegar o que pensava ser um lagarto. Weela pulou na frente dele, jogou-se contra os joelhos do menino e empurrou-o para trás. Ela meteu-se no caminho de uma cascavel que estava prestes a morder o joelho de Gary. A cobra acabou mordendo a cara de Weela. Embora o menino tenha sido salvo, a cabeça da cachorra inchou tanto que quase bloqueou a passagem do ar em sua garganta. Ela precisou de muitos dias para se recuperar.

Três anos depois, fortes tempestade inundaram o rio Tijuana, no vale em que os Watkinses moravam. O rio, normalmente raso e estreito, transformou-se numa furiosa torrente de água, pondo em perigo o cavalo e sete cachorros de Paul, um amigo de Lori que estava hospitalizado. Numa noite, Lori e a sobrinha Carol Kaspar foram de carro com Weela até o rancho de Paul. Depois de andar com a água até a cintura, elas acharam os animais em dificuldade, mas quando começaram a voltar para a terra seca, o nível da água elevou-se a tal ponto que não puderam mais cruzar o rio.

Chapinhando na água daqui e dali, Weela mostrou a Lori e Carol que tinha encontrado um lugar raso o suficiente para que pudessem passar. Com a cabeça abaixada para ouvir as correntes do rio, ela cutucava com o focinho bancos de areia, troncos de árvores caídas e outros pontos em que as águas eram rasas, guiando Lori e a sobrinha enquanto iam várias vezes de uma margem à outra do rio, resgatando cada um dos animais de Paul.

Uma semana depois, quando as chuvas tinham elevado ainda mais o nível do rio, Lori e Carol acharam quinze cavalos e quatro cães presos na enchente sobre um ilhota de esterco, palha e areia que poderia se desfazer a qualquer momento. Mais uma vez, Weela guiou Lori e Carol pelo melhor caminho, evitando que se afogassem e pisassem em cercas de arame-farpado submersas, areia movediça e lodaçais. Trabalhando juntas, Weela, Lori e Carol conseguiram levar os cavalos para um lugar seguro.

Os quatro cães, no entanto, estavam tão apavorados e ariscos que não deixaram ninguém se aproximar deles. Como não conseguiram tirá-los da ilhota, elas lhes levaram comida. Dia após dia, por várias semanas, Weela — com um pacote de 6,5 quilos de ração amarrado às costas — guiou Lori e Carol na travessia do rio até onde estavam os cachorros, até que estes ficaram dóceis o suficiente para ser resgatados. Lori amarrou um deles a Weela, que nadou com ele até a margem do rio. Então a cachorra guiou Lori e Carol através de águas rasas, cruzando o rio na companhia dos três outros cães.

Umas poucas semanas depois, autoridades do outro lado da fronteira mandaram abrir a barragem Rodriguez sem dar nenhum aviso, e o vale inundou novamente. Quando Lori e Carol tentavam desatolar seu *trailer* de transportar cavalos, trinta mexicanos passaram correndo por elas, em direção a uma parte perigosa do rio. Quando se preparavam para atravessar, Lori gritou:

— Parem! Parem! Vocês vão se afogar!

Sem entender inglês, os mexicanos entraram apressadamente no rio.

— Rio perigoso! — tentou Lori novamente. — *Peligro agua*!

Mais assustados com ela do que com a água, os mexicanos correram para a margem. Quando os primeiros estavam prestes a se lançar no rio, Weela investiu contra eles, latindo e rosnando, na tentativa de impedir que cruzassem o rio até que Lori pudesse alcançá-los. Por meio de gestos, ela aconselhou-os a fazer uma corrente dando as mãos uns aos outros. Com muito cuidado, Weela guiou o grupo lentamente até os pontos menos perigosos, em que a água dava nos calcanhares.

O fato de ajudar tantas pessoas e animais nas enchentes, durante todas aquelas semanas, fez com que Weela deixasse de ser um mero e despreocupado bicho de estimação para ser uma ocupada criatura a cargo de uma missão. A maior prova de sua metamorfose: depois das enchentes, quando não tinha nada útil para fazer, Weela entrou numa espécie de letargia. Ficava deitada o dia inteiro, cheia de melancolia.

— Sinto-me tão culpada — dizia Lori ao marido, Daniel. — Deixamos que Weela fizesse tanto durante as enchentes e agora a abandonamos por aí, desanimada e sem nada para fazer.

Lori concluiu que, quando Weela não estava ocupada ajudando as pessoas, ela ficava apática e entediada. Portanto, a cadela começou uma nova carreira como terapeuta. Toda terça-feira, ela e Lori iam ao Alvorado Hospital visitar os pacientes. A pit bull sentava junto de qualquer um que precisasse de conforto emocional, pulava e acenava com as patas para quem estivesse precisando dar uma boa risada. Se os pacientes quisessem conversar com Lori sobre o cachorro ou os problemas deles, Weela sentava-se quieta numa cadeira, sem incomodá-los.

— Ela pressente as necessidades das pessoas — Lori disse a Daniel.

Ela também sentia intuitivamente as necessidades de outros animais. Alguém uma vez trouxe para os Watkinses um filhote de pit bull amarelo, doente e semiconsciente. A cachorrinha, chamada Chloe, tinha sopro no coração e uma perna machucada. Weela deitou-se junto ao filhote e lambeu-lhe o pêlo até vê-lo limpo. Enquanto a perna da cachorrinha começava a sarar, Weela massageava-a com a língua, cutucava Chloe com o focinho para que andasse pelo quintal e fazia com que exercitasse os músculos.

Depois que Chloe se recuperou, um amigo trouxe a Lori um leitão barrigudo de pêlo cinza-prateado, com apenas vinte horas de vida. Weela deitou-se junto dele, envolvendo o corpo do bichinho com o seu, e não deixou nenhum outro animal de estimação da família chegar perto dele. Depois que o leitãozinho cresceu um pouco e começou a perambular daqui e dali, ela não o deixava ficar no quintal sozinho. Seguia-o para fora e o protegia até que se tornou um porco corpulento, chamado Graystoke. Gary, o filho de Lori, levou então os dois animais para visitar as classes de crianças com distúrbios mentais. Assim Weela ficaria ocupada entretendo as crianças.

Apesar do recorde exemplar de Weela em defender animais e pessoas, Lori tinha que lutar continuamente contra preconceitos contra pit bulls. Sempre que estava com Weela, Lori tinha de ouvir perguntas do tipo:

— Como você agüenta ter um pit bull?

— Não é aquela raça de cachorro violento?

— Você não tem medo de que esse cachorro se volte contra você?

Lori simplesmente respondia que "todo animal é um reflexo do dono". Weela e Lori refletiam a preocupação uma da outra por qualquer pessoa com problemas.

Enquanto Weela cumpriu, ano após ano, sua missão de ajudar, ela foi um modelo de compaixão não só para outros animais, mas para pessoas também. Em vez de rotular Weela de um animal cruel e asqueroso, muitas pessoas poderiam dizer que ela era um verdadeiro anjo.

Pelo menos metade das pessoas que entrevistei para este livro disseram-me: "Meu animal de estimação é um anjo!" Sem que minhas perguntas induzissem essa resposta, as pessoas sempre insistiam que seus animais tinham realizado coisas que só se esperam de anjos a serviço de Deus. Os bichos tinham transmitido mensagens e dado avisos de perigo, encorajado e resgatado pessoas. Muitos achavam que Deus colocara os animais, sempre ansiosos para ajudar, no lugar certo, na hora certa. Eles tinham agido como anjos.

Se acreditamos ou não em anjos, isso parece menos importante do que reconhecer a compaixão de Weela e de outros animais. Eles a demonstram o tempo todo e das mais diferentes formas — basta que estejamos dispostos a *ver*. Às vezes parece que os animais foram postos na Terra com o único propósito de cuidar de nós e de nos ajudar. Eles são forças poderosas do bem.

LEITURAS SUGERIDAS

Bradford, Karleen. *Animal Heroes*. Ontário: Scholastic Canada Ltd., 1995.

Masson, Jeffrey Moussaieff. *Dogs Never Lie About Love*. Nova York: Random House, 1997.

Masson, Jeffrey Moussaieff e Susan McCarthy. *When Elephants Weep*. Nova York: Delacorte, 1995.

McElroy, Susan Chernak. *Animals as Teachers and Healers*. Nova York: Ballantine, 1997.

Roberts, Yvonne. *Animal Heroes*. Londres: Pelham Books/Stephen Greene Press, 1990.

Simons, Paul. *Pet Heroes: Amazing Tales of Animal Achievements*. Londres: Orion Books Ltd., 1996.

Wels, Byron G. *Animal Heroes*. Nova York: MacMillan Publishing Company Inc., 1979.

Estou sempre coletando histórias sobre a compaixão dos animais. Se você conhece um animal que, de alguma forma, demonstrou bondade e gostaria de contar essa experiência para mim, por favor envie sua história para "Kristin von Kreisler, c/o Prima Publishing, P.O. Box 1260BK, Rocklin, California 95677", ou mande-a por meio do site na Internet: http:www.primalife.com/compassion. Se possível, inclua seu endereço e telefone, para que eu possa entrar em contato com você.